cuisine minceur

cuisine minceur

Laurence du Tilly

Photographies, Philippe Vaurès-Santamaria
Stylisme, John Bentham

Avec la collaboration de Gaz de France

HACHETTE
Pratique

sommaire

je veux la recette !

2 échalotes / Laissez-les cuire à feu doux / La pomme est l'un des fruits / 7 min de chaque côté / UNE PETITE SALADE / 200 g de filet de haddock / **Pelez la mangue** / Le truc de Stéphan / **1 petit bouquet de coriandre** / CUISSON 35 MIN / avec un filet d'huile d'olive / PARMENTIER DE CABILLAUD AU PESTO / Les ingrédients pour 4 personnes / Ajoutez le bouillon cube / 2 poivrons rouges / Préchauffez le four à 160 °C / Le verre de vin qui va bien / Servez bien chaud / 1 cuil. à soupe de vinaigre balsamique / 50 g de noix concassées / Salez et poivrez / Au moment de servir / Coupez grossièrement / **recette asiatique sortie tout droit** / Filet de porc au lait de coco / ASTUCE / en versant du jus de cuisson / avec les graines de coriandre / Découpez les blancs de poulet / **LE TUYAU DE LAURENCE** / 20 cl de lait de coco / **dans 4 coupelles** / Épluchez l'avocat / PETITES FAISSELLES DE TRUITE FUMÉE

Soupe de citrouille au lait de coco

PRÉPARATION 15 MIN | **CUISSON** 20 MIN | **COÛT** ★ | **DIFFICULTÉ** ★

→ PUISQUE LA CITROUILLE, LÉGUME PRESQUE OUBLIÉ CHEZ NOUS, A FAIT SON COME-BACK AVEC HALLOWEEN, PROFITONS-EN POUR LUI DONNER UN PETIT COUP DE JEUNE AVEC UNE RECETTE PLUS ACTUELLE.

1 Ôtez les graines et la peau de la citrouille puis coupez la chair en cubes. Épluchez la gousse d'ail et les échalotes.

2 Versez tous ces ingrédients dans une casserole et couvrez d'eau aux 2/3. Ajoutez le bouillon KUB et mettez sur le feu. Portez à ébullition puis couvrez et laissez cuire 20 min.

3 Hors du feu, mixez à l'aide d'un bras à soupe. Si vous n'avez pas de bras à soupe, utilisez votre mixeur. Procédez en plusieurs fois pour ne pas le faire déborder quand vous activerez votre robot.

4 Ajoutez le lait de coco à votre soupe à la citrouille, mélangez puis salez et poivrez selon votre goût. Servez bien chaud.

Les ingrédients pour 4 personnes

1 kg de citrouille
1 gousse d'ail
2 échalotes
1 bouillon KUB
20 cl de lait de coco
sel et poivre

Pour varier_ Vous pouvez réaliser cette soupe avec les petits frères de la citrouille : potimarron ou potiron.

le tuyau de laurence

Si vous souhaitez typer un peu plus cette soupe, ajoutez une pointe de couteau de cannelle. Vous pouvez également agrémenter cette soupe de coriandre fraîche finement coupée et d'un peu de noix de coco râpée au moment de servir.

la botte secrète d'aude et leslie

Puisque la citrouille est associée à Halloween, pensez à servir un menu tout orange à l'occasion de cette fête américaine... Et pourquoi pas une salade d'oranges à la cannelle pour finir en beauté après cette délicieuse soupe ?

recette**pour**épater…

Soupe de moules glacée

PRÉPARATION 45 MIN | **CUISSON** 15 MIN | **RÉGRIGÉRATION** 1 H | **COÛT** ★ | **DIFFICULTÉ** ★★

→ VOICI UNE IDÉE ORIGINALE ET DÉLICIEUSE POUR DÉGUSTER DES MOULES. LA PRÉPARATION EST UN PEU LONGUE CAR IL FAUT DÉCOQUILLER LES MOULES, MAIS CELA VAUT VRAIMENT LE COUP DE SE DONNER UN PEU DE MAL !

Les ingrédients pour 4 personnes

2 l de moules
1 gousse d'ail
2 échalotes
1 filet d'huile d'olive
1/2 cuil. à café de poudre de curry
20 cl de vin blanc
poivre
1 cuil. à soupe rase de ciboulette finement coupée

1 Nettoyez les moules en les grattant. Éliminez toutes celles qui ne sont pas bien fermées. Lavez-les plusieurs fois à l'eau puis égouttez-les. Épluchez l'ail et les échalotes et coupez-les finement.

2 Dans une grande cocotte, versez un filet d'huile d'olive et faites revenir l'ail et les échalotes. Ajoutez le curry. Versez alors les moules et faites-les cuire à feu vif en les remuant de temps en temps jusqu'à ce qu'elles soient toutes ouvertes (6 min environ).

3 Retirez les moules de la cocotte en conservant le jus de cuisson. Enlevez et jetez les coquilles, et réservez les moules.

4 Filtrez le jus de cuisson et versez-le dans une casserole, ajoutez le vin blanc et mettez sur le feu. Portez à ébullition et laissez réduire la sauce de moitié (10 min environ). Poivrez et laissez refroidir.

5 Ajoutez les moules dans la casserole et mixez l'ensemble avec un bras à soupe ou dans votre mixeur. Mettez au réfrigérateur 1 h. Servez bien froid avec la ciboulette coupée.

Astuce_ Arrosez d'un filet d'huile d'olive au goût très prononcé avant de déguster.

le truc de stéphan

Pour conserver aux moules et à leur jus tous leurs arômes, évitez l'erreur fréquente qui consiste à trop les faire cuire. Dès qu'elles sont ouvertes, stoppez la cuisson, retirez le couvercle et laissez-les refroidir.

Crème de concombre à la feta

PRÉPARATION 20 MIN | **CUISSON** 15 MIN | **RÉFRIGÉRATION** 1 H | **COÛT** ★ | **DIFFICULTÉ** ★

→ ON A POUR HABITUDE DE CONSOMMER LE CONCOMBRE CRU. ALORS ESSAYEZ CETTE RECETTE OÙ LE CONCOMBRE EST CUIT, VOUS LUI DÉCOUVRIREZ UNE DOUCEUR INCROYABLE.

1 Épluchez les concombres et coupez-les en grosses rondelles. Versez-les dans une casserole, recouvrez d'eau à moitié et mettez sur le feu. Portez à ébullition, couvrez et laissez cuire 15 min. Égouttez les concombres et laissez refroidir.

2 Épluchez l'avocat, ôtez le noyau et découpez la chair en cubes.

3 Versez le concombre refroidi et les cubes d'avocat dans le bol de votre mixeur, ajoutez le jus de citron vert et mixez. Salez et poivrez selon votre goût. Mettez au réfrigérateur 1 h.

4 Au moment de servir, versez la crème de concombre dans 4 bols. Émiettez la feta du bout des doigts et répartissez-la dans les 4 bols de soupe. Coupez finement les feuilles de cerfeuil. Saupoudrez d'un peu de paprika et de cerfeuil coupé.

Les ingrédients pour 6 personnes

4 concombres
1 avocat
le jus de 1 citron vert
sel et poivre
50 g de feta
4 feuilles de cerfeuil
1 cuil. à café de paprika

Pour varier_ Vous pouvez remplacer le cerfeuil par de la coriandre ; dans ce cas, saupoudrez de cumin en poudre à la place du paprika.

la botte secrète d'aude et leslie

Pour varier les plaisirs, remplacez la feta par des cubes de blanc de poulet grillé. Dans ce cas-là, troquez le cerfeuil par de l'estragon finement coupé.

Soupe de tomate au gingembre

PRÉPARATION 20 MIN | **CUISSON** 25 MIN | **COÛT** ★ | **DIFFICULTÉ** ★

→ UNE RECETTE SUPER FACILE QUI METTRA DÉFINITIVEMENT VOS SACHETS DE SOUPE DÉSHYDRATÉE DE CÔTÉ !

1 Plongez les tomates 30 secondes dans une casserole d'eau bouillante. Égouttez-les et plongez-les aussitôt dans l'eau froide. Ôtez la peau et coupez les tomates en quatre. Épluchez l'oignon rouge et coupez-le en fines rondelles. Épluchez et coupez finement la gousse d'ail et la racine de gingembre.

2 Versez l'huile d'olive dans une casserole et ajoutez les lamelles d'oignon. Laissez-les blondir 5 min puis ajoutez les quartiers de tomates, le cumin et le gingembre. Couvrez et laissez cuire 20 min à feu doux.

3 Hors du feu, mixez à l'aide d'un bras à soupe ou dans votre mixeur. Procédez en plusieurs fois pour ne pas le faire déborder quand vous activerez votre robot.

4 Reversez la soupe dans la casserole, salez et poivrez selon votre goût et servez bien chaud.

Les ingrédients pour 4 personnes

1,5 kg de tomates en grappe

1 oignon rouge

1 gousse d'ail

5 cm de racine de gingembre

1 cuil. à café d'huile d'olive

1 cuil. à café rase de cumin en poudre

se et poivre

Astuce_ Si vraiment vous n'avez pas le temps, utilisez des tomates pelées surgelées ou alors une bonne concassée de tomates.

le tuyau de laurence

Ajoutez 1 cuil. à soupe rase de curry en début de cuisson, c'est génial. Ça « chauffe » un peu et c'est délicieux.

Œufs cocotte à l'indienne

PRÉPARATION 20 MIN **I CUISSON** 10 À 15 MIN **I COÛT ★ I DIFFICULTÉ ★ I**

MATÉRIEL SPÉCIFIQUE 4 RAMEQUINS

→ LES ŒUFS COCOTTE, UNE IDÉE SIMPLE, SAINE ET RAPIDE POUR UN DÎNER LÉGER ET ÉQUILIBRÉ. LES RECETTES SE DÉCLINENT À L'INFINI MAIS EN VOILÀ UNE PARTICULIÈREMENT GAIE ET DÉLICIEUSE.

Les ingrédients pour 6 personnes

2 petites courgettes bien fermes
1 filet d'huile d'olive
sel et poivre
4 cuil. à soupe de crème liquide allégée
1 cuil. à café rase de curry
4 œufs extra-frais

1 Lavez les courgettes et coupez-les en petits dés. Faites-les sauter 5 min à la poêle avec le filet d'huile d'olive. Salez et poivrez.

2 Garnissez le fond des 4 ramequins avec les dés de courgette.

3 Dans un bol, mélangez la crème et le curry. Salez et poivrez.

4 Cassez un œuf dans chaque ramequin, salez et poivrez puis répartissez la crème sur le dessus.

5 Placez les ramequins au bain-marie directement sur le feu et portez à ébullition. Laissez cuire 6 min environ pour que le blanc soit pris, le jaune restant liquide.

Astuces_ • Pour faire cuire les œufs au bain-marie, placez les ramequins dans un grand plat que vous remplissez d'eau à mi-hauteur ; ainsi ils cuisent sans être en contact direct avec la source de chaleur et la cuisson est homogène. • Si vous aimez vos œufs cocotte avec un jaune très liquide, séparez les blancs des jaunes d'œufs. Mettez vos blancs sur les courgettes puis versez la crème. Quand ils seront quasiment pris, déposez les jaunes sur le dessus et laissez cuire à nouveau 1 min pour qu'ils soient à température.

le tuyau de laurence

Pour une présentation plus rigolote et originale, changez vos bons vieux ramequins contre des tasses à thé. Il en existe des transparentes. Effet garanti.

Petites faisselles de truite fumée

PRÉPARATION 10 MIN | **COÛT** ★★ | **DIFFICULTÉ** ★

→ QUI A DIT QUE LE RÉGIME ÉTAIT UNE PAUSE MONOTONE DANS LA VIE D'UN GOURMAND. IL SUFFIT PARFOIS D'UN PEU D'IDÉE ET C'EST LA FÊTE !

1 Mettez les faisselles à égoutter 15 min avec leur petit panier.

2 Pendant ce temps, passez les tranches de truite fumée au mixeur pour les réduire en purée.

3 Versez les faisselles égouttées dans un bol et mélangez avec la truite fumée et le jus de citron vert. Salez et poivrez.

4 Répartissez la préparation dans 4 petits verres et recouvrez d'œufs de lump. Placez au réfrigérateur jusqu'au moment de servir.

Les ingrédients pour 4 personnes

- 4 faisselles de fromage blanc
- 4 tranches de truite fumée
- le jus de 1 citron vert
- sel et poivre
- 2 cuil. à soupe d'œufs de lump

Astuce_ Il existe des faisselles à 0 % pour ceux qui sont vraiment très raisonnables !

Pour varier_ Pour une entrée plus chic, vous pouvez remplacer la truite fumée par du saumon fumé et les œufs de lump par des œufs de truite ou de saumon.

le tuyau de laurence

Si vous choisissez de faire cette recette pour un dîner plus festif, utilisez les verres à pied de votre grand-mère : c'est sympa et c'est l'occasion de les sortir.

Salade de dinde grillée à la mangue

PRÉPARATION 20 MIN | **MARINADE** 30 MIN | **CUISSON** 10 MIN | **COÛT** ★★ | **DIFFICULTÉ** ★★

→ UNE PETITE SALADE VRAIMENT HAUTE EN SAVEUR POUR LES ADEPTES DU SUCRÉ-SALÉ. À FAIRE À TOUT PRIX À VOS COPINES GOURMANDES ET SOUCIEUSES DE GARDER LA LIGNE.

1 Pelez les mangues et coupez-les en fines lamelles. Épluchez les échalotes et coupez-les finement.

2 Mélangez l'huile, la sauce soja, le vinaigre balsamique, le sucre et le jus de citron vert. Versez dans un plat creux et placez les escalopes de dinde et les lamelles de mangues à mariner 30 min au frais.

3 Au bout de ce laps de temps, égouttez les escalopes de dinde et faites-les cuire dans une poêle antiadhésive 5 min de chaque côté. Laissez-les refroidir puis coupez-les en fines lamelles. Coupez finement la coriandre.

4 Ajoutez la salade, les échalotes et les lamelles de dinde dans le plat contenant la marinade et les mangues. Salez, poivrez, mélangez et servez avec de la coriandre coupée selon votre goût.

Les ingrédients pour 4 personnes

2 mangues
2 échalotes
2 cuil. à soupe d'huile d'olive
2 cuil. à soupe de sauce soja
1 cuil. à soupe de vinaigre balsamique
1 cuil. à café de sucre en poudre
le jus de 1/2 citron vert
3 escalopes de dinde
1 petit bouquet de coriandre
150 g de roquette
sel et poivre

Astuce_ Vous pouvez également faire cuire les escalopes de dinde égouttées sous le gril du four 3 min de chaque côté. Une petite note de grillé s'accorde très bien à la recette.

Tartelettes fines aux pommes et chèvre

PRÉPARATION 10 MIN | **CUISSON** 15 MIN | **COÛT** ★ | **DIFFICULTÉ** ★

→ LA POMME EST L'UN DES FRUITS QUI S'ADAPTE LE MIEUX AU MÉLANGE SUCRÉ-SALÉ. ALORS POURQUOI NE PAS DÉGUSTER VOTRE TARTE FINE AUX POMMES AVANT LE DESSERT ? AVEC DU FROMAGE, C'EST UN DÉLICE... TRÈS RAISONNABLE.

1 Préchauffez le four à 200 °C (th. 6-7). Étalez la pâte feuilletée et découpez-y 4 cercles ; placez une feuille de papier sulfurisé sur la plaque de votre four et déposez-y directement les ronds de pâte. Donnez un tour de moulin à poivre sur chacun des fonds de tarte.

2 Coupez les pommes en quatre, ôtez le cœur et coupez-les en fines lamelles. Coupez les crottins en deux dans l'épaisseur.

3 Répartissez les fines lamelles de pomme sur les 4 fonds de tarte. Déposez un demi-crottin sur chaque tartelette et saupoudrez d'un peu de paprika.

4 Faites cuire au four 15 min. Servez chaud.

Les ingrédients pour 4 personnes

1 pâte feuilletée toute prête
poivre
2 pommes (type golden ou pink lady)
2 crottins de Chavignol
1/2 cuil. à café de paprika doux en poudre

Pour varier_ Si l'association pomme et fromage vous plaît, laissez parler votre créativité et recommencez cette recette avec d'autres fromages : rocamadour, camembert, munster, bûche de chèvre, brie ou encore pont-l'évêque. Et pour les plus forts d'entre eux, remplacez le paprika par des graines de cumin.

la botte secrète d'aude et leslie

Pour une version encore plus light, remplacez la pâte feuilletée par 4 feuilles de brick et faites des chaussons. Déposez les lamelles de pomme et les crottins émiettés au centre de chaque feuille. Rabattez sur la farce le côté de la feuille qui se trouve vers vous, puis le côté opposé ; terminez en rabattant par-dessus les deux autres côtés. Déposez les chaussons sur la plaque du four recouverte de papier sulfurisé, en les retournant pour les maintenir fermés. Faites cuire à 180 °C (th. 6) 8 à 10 min environ. Retournez-les à mi-cuisson.

Mille-feuille d'emmental

PRÉPARATION 30 MIN | **CUISSON** 2 MIN | **REPOS** 1 H | **COÛT** ★ | **DIFFICULTÉ** ★

1 Versez la semoule dans un petit saladier, ajoutez l'eau puis faites chauffer 1 min au micro-ondes sur puissance maximale. Détachez les grains à la fourchette et remettez à cuire 1 min. Mélangez et laissez refroidir.

2 Nettoyez les oignons nouveaux et conservez leur tige sur 5 cm. Coupez-les en fines lamelles. Coupez le demi-concombre en deux dans la longueur, ôtez les graines et coupez-le en petits dés. Hachez finement toutes les herbes (ciboulette, estragon, cerfeuil).

3 Ajoutez les oignons, le concombre, les herbes et le jus des citrons à la semoule refroidie, salez et poivrez. Mélangez puis laissez gonfler 1 h au réfrigérateur.

4 Préparez les assiettes en y déposant 1 cuil. à soupe de taboulé, 1 lamelle d'emmental, 1 cuil. à soupe de taboulé puis, enfin, une dernière tranche d'emmental. Donnez un tour de moulin à poivre sur le dessus.

Les ingrédients pour 4 personnes

1 verre de semoule de couscous (grain moyen)
1 verre d'eau
2 oignons nouveaux
1/2 concombre
10 brins de ciboulette
5 branches d'estragon
3 branches de cerfeuil
le jus de 2 citrons verts
8 fines tranches d'emmental
sel et poivre

Astuces_ • Vous pouvez utiliser de l'emmental allégé pour confectionner cette entrée.
• Vous pouvez également, si vous le souhaitez, ajouter au taboulé des tomates séchées ou des tomates fraîches coupées en petits dés.

Petits nids de pâtes au pesto

PRÉPARATION 20 MIN | **CUISSON** 10 À 15 MIN | **COÛT** ★ | **DIFFICULTÉ** ★

→ ON PENSE À TORT QUE LES PÂTES SONT INCOMPATIBLES AVEC LA CUISINE MINCEUR : TOUT DÉPEND CE QUE VOUS Y AJOUTEZ ! VOILÀ UNE RECETTE DÉLICIEUSE OÙ LES PÂTES DEVIENNENT PLUS QU'UN ACCOMPAGNEMENT.

1 Mettez de l'eau à bouillir dans une petite casserole. Dès que l'eau bout, plongez-y délicatement les œufs et laissez cuire 6 à 7 min. Égouttez-les puis enlevez délicatement la coquille afin de ne pas crever le jaune. Couvrez pour garder au chaud.

2 Mettez une casserole d'eau à bouillir avec le bouillon KUB. Plongez-y les pâtes fraîches et égouttez dès qu'elles sont cuites.

3 Coupez grossièrement la roquette et ajoutez-la aux pâtes avec la sauce pesto.

4 Confectionnez 4 nids de pâtes dans 4 assiettes et déposez un œuf mollet au centre. Salez et donnez un tour de moulin à poivre.

5 Réalisez des copeaux de parmesan à l'aide d'un couteau économe et ajoutez-les sur chaque assiette. Servez.

Les ingrédients pour 4 personnes

4 œufs
1 bouillon KUB
200 g de pâtes fraîches aux épinards
50 g de roquette
2 cuil. à soupe de sauce pesto
sel et poivre
30 g de parmesan

Astuces_ • Vous pouvez agrémenter vos pâtes de petits dés de tomate fraîche.
• Vous pouvez également remplacer la roquette par des petites pousses d'épinard.
• Vous pouvez enfin y ajouter quelques pignons de pin.

le verre de vin qui va bien

Le souci de la ligne ne doit pas faire oublier le plaisir ! Avec ces superbes pâtes, servez un verre de vin rouge léger : un saumur-champigny sera parfait.

Filet de porc au lait de coco

PRÉPARATION 10 MIN | **CUISSON** 35 MIN | **COÛT** ★ | **DIFFICULTÉ** ★

→ LA VIANDE DE PORC PRISE DANS LE FILET EST TOUT À FAIT COMPATIBLE AVEC LA CUISINE MINCEUR, ELLE S'ACCOMMODE TRÈS BIEN À DES RECETTES HAUTES EN ÉPICES. VOICI UNE RECETTE REVISITÉE DU CLASSIQUE RÔTI DE PORC AU LAIT.

1 Préchauffez le four à 200 °C (th. 6-7). Mélangez le gros sel avec les graines de coriandre, les graines de cumin et le poivre.

2 Saupoudrez le mélange 4 épices sur toute la surface du filet mignon. Mettez la viande dans un plat qui passe au four et saupoudrez le dessus avec le gros sel épicé.

3 Versez le lait de coco dans le plat et faites cuire au four 35 min.

Les ingrédients pour 4 personnes

1 cuil. à soupe de gros sel
1/2 cuil. à café de graines de coriandre
1/2 cuil. à café de graines de cumin
1 cuil. à café de poivre à steak (grossièrement concassé)
1 cuil. à soupe de mélange 4 épices
1 beau filet mignon de porc (ou 2 petits)
20 cl de lait de coco

Pour varier_ Vous pouvez remplacer le mélange 4 épices par les zestes d'un citron vert. Conservez le citron, pressez-le et ajoutez le jus au lait de coco en fin de cuisson.

la botte secrète d'aude et leslie

Pour varier les plaisirs, pensez à cuisiner votre filet mignon avec des quetsches. Pour cela, il suffit de remplacer le lait de coco par 400 g de quetsches surgelées que vous ajouterez directement dans le plat. Faites alors cuire 1 h 15 dans un four à 180 °C (th. 6) en arrosant régulièrement avec de l'eau pour obtenir une viande bien tendre. Un délice !

Poulet vapeur au soja

PRÉPARATION 15 MIN | **MARINADE** 15 MIN | **CUISSON** 10 MIN | **COÛT** ★ | **DIFFICULTÉ** ★

→ CETTE RECETTE ASIATIQUE SORTIE TOUT DROIT D'UNE CARTE DE « SPÉCIALITÉS VAPEUR » EST UN VRAI DÉLICE. VOUS POUVEZ LA DÉGUSTER ACCOMPAGNÉE TOUT SIMPLEMENT D'UN BOL DE RIZ BLANC PARFUMÉ.

1 Découpez les blancs de poulet crus en fines lamelles. Pelez la racine de gingembre et hachez-la dans un petit mixeur (sinon, utilisez une râpe).

2 Mettez les lamelles de poulet dans un plat, arrosez de sauce soja et ajoutez le gingembre haché. Mélangez bien et répartissez dans 4 coupelles. Laissez mariner 15 min au réfrigérateur.
Coupez finement la coriandre.

3 Placez les coupelles de poulet dans un cuit-vapeur et faites cuire 10 min. Réalisez l'opération plusieurs fois en fonction de la place dont vous disposez dans votre cuit-vapeur.

4 Saupoudrez de coriandre fraîche et de graines de sésame avant de déguster.

Les ingrédients pour 4 personnes

4 blancs de poulet
4 cm de racine de gingembre
15 cl de sauce soja
1 bouquet de coriandre fraîche
1 cuil à soupe de graines de sésame

Astuce_ Si vous n'avez pas de cuit-vapeur, versez de l'eau sur 4 cm dans une grande casserole et placez un bol au milieu. Portez à ébullition. Placez alors vos coupelles sur le bol et couvrez le temps de la cuisson.

le tuyau de laurence

Vous pouvez acheter dans un magasin chinois des petits paniers-vapeur individuels. Présentez des portions individuelles de poulet vapeur dans des petites coupelles que vous placerez dans les petits paniers de bambou.

Poulet aux épices

PRÉPARATION 35 MIN | **CUISSON** 45 MIN | **COÛT** ★★ | **DIFFICULTÉ** ★★

→ CETTE RECETTE D'INSPIRATION INDIENNE EST DÉLICIEUSE, EN VOICI UNE VERSION PARTICULIÈREMENT LÉGÈRE. VOUS POUVEZ TOUTEFOIS ENLEVER LA PEAU DU POULET AVANT DE LE PRÉPARER ET VOUS AUREZ UN PLAT ENCORE PLUS LIGHT ET SAIN.

1 Épluchez les gousses d ail et l'oignon puis coupez-les en fines lamelles. Pelez le gingembre et hachez-le dans un petit mixeur (sinon, utilisez une râpe). Coupez les tomates en petits dés.

2 Mettez le filet d'huile à chauffer dans une cocotte puis faites revenir l'ail, les oignons et le gingembre pendant 5 min. Ajoutez alors les étoiles de badiane, les graines de cumin, la cannelle et le paprika. Salez, poivrez, mélangez et laissez à nouveau revenir 1 min.

3 Versez les dés de tomate et le yaourt dans la cocotte. Mélangez et laissez cuire 5 min à couvert, puis ajoutez les morceaux de poulet. Mélangez pour bien les enrober, couvrez et laissez cuire à nouveau 40 min à feu doux. Ajoutez un peu d'eau en cours de cuisson si votre sauce n'est pas assez onctueuse.

Les ingrédients pour 4 personnes

2 gousses d'ail
1 oignon rouge
3 cm de racine de gingembre
2 tomates
1 filet d'huile d'olive
3 étoiles de badiane
1 cuil. à café de graines de cumin
1 cuil à café de cannelle en poudre
1 cuil. à café de paprika doux
sel et poivre
1 yaourt grec
1 poulet découpé en morceaux

Astuce_ Faire revenir les épices en début de cuisson permet d'exhaler toute leur saveur. Cette technique est très utilisée en Inde.

la botte secrète d'aude et leslie

Pour un dépaysement total, servez cette recette directement dans des feuilles de bananier que vous trouverez dans les épiceries asiatiques. Passez vos feuilles sous l'eau claire et essuyez-les bien avant utilisation.

Aspic de lapin au poivron

PRÉPARATION 40 MIN | **CUISSON** 2 H | **RÉFRIGÉRATION** 48 H | **COÛT** ★★ | **DIFFICULTÉ** ★★★ |

MATÉRIEL SPÉCIFIQUE 1 MOULE À TERRINE

→ CET ASPIC DE LAPIN, APPELÉ PLUS SOUVENT « COMPOTE DE LAPIN », EST UNE RECETTE DE TERRINE DE LAPIN PRISE DANS SA GELÉE. LES POIVRONS CONFITS LUI AJOUTENT UNE PETITE NOTE DOUCE ET SUCRÉE.

1 Épluchez l'ail et les échalotes et coupez-les. Épluchez et coupez les carottes en rondelles.

2 Versez le tout dans une cocotte, ajoutez les 2 morceaux de pied de veau, le bouillon de volaille, le poivre et le cumin. Arrosez de vin blanc, salez et portez à ébullition. Laissez cuire à petit bouillon 1 h 30. Une écume se forme tout au long de la cuisson ; retirez-la au fur et à mesure.

3 Ajoutez les morceaux de lapin dans la cocotte et poursuivez la cuisson 30 min. Coupez finement l'estragon. Égouttez le lapin, désossez-le et coupez la chair en cubes. Mélangez-la avec l'estragon, salez et poivrez généreusement. Filtrez le jus de cuisson et réservez-le.

4 Placez les poivrons rouges entiers sous le gril du four et retournez-les au fur et à mesure de la cuisson, jusqu'à ce que leur peau soit uniformément noire. Sortez-les du four, laissez-les refroidir et ôtez la peau. Coupez-les en deux, ôtez les graines et coupez la chair en lanières.

5 Remplissez la terrine en mettant successivement une couche de lapin et une couche de poivron. Mouillez au fur et à mesure en versant du jus de cuisson. Placez au moins 48 h au frais avant de servir.

Les ingrédients pour 4 personnes

- 2 gousses d'ail
- 2 belles échalotes
- 2 carottes
- 1 pied de veau fendu en deux
- 1 cube de bouillon de volaille
- 1 cuil. à café de grains de poivre
- 1 cuil. à café de graines de cumin
- 75 cl de vin blanc
- sel et poivre
- 1 lapin de 1,3 kg environ coupé en morceaux
- 1 bouquet d'estragon
- 2 poivrons rouges

Astuce_ Pour faciliter le démoulage, tapissez votre terrine de film transparent avant de la remplir.

le verre de vin qui va bien

Servez cet aspic avec un sancerre blanc.

Saltimboca au fromage frais

PRÉPARATION 10 MIN | **CUISSON** 15 MIN | **COÛT** ★★ | **DIFFICULTÉ** ★

→ LA SALTIMBOCA NOUS VIENT D'ITALIE ; CETTE FINE ESCALOPE DE VEAU ROULÉE AVEC DU JAMBON SEC PEUT ÊTRE AGRÉMENTÉE DE MULTIPLES FAÇONS. EN VOICI UNE QUI CHATOUILLERA VOS PAPILLES.

1 Aplatissez bien les escalopes de veau puis salez-les et poivrez-les.

2 Avec un couteau, tartinez généreusement les escalopes de fromage frais ail et fines herbes, puis recouvrez d'une fine tranche de jambon sec. Roulez les escalopes garnies et maintenez-les bien fermées avec une pique en bois.

3 Faites chauffer une poêle avec le filet d'huile d'olive. Mettez les escalopes à cuire 15 min à feu doux en les retournant à mi-cuisson. Servez avec une salade de roquette par exemple.

Les ingrédients pour 4 personnes

4 escalopes de veau très fines
sel et poivre
150 g de fromage frais ail et fines herbes
4 fines tranches de jambon sec
1 filet d'huile d'olive

Astuce_ Vous pouvez utiliser un fromage blanc ail et fines herbes allégé en matière grasse.

Pour varier_ Vous pouvez faire cette recette avec de fines escalopes de dinde.

Mijoté de porc, pommes et cannelle

PRÉPARATION 20 MIN | **CUISSON** 1 H | **COÛT** ★★ | **DIFFICULTÉ** ★★

1 Épluchez l'ail et hachez-le. Épluchez les oignons et coupez-les en quartiers. Épluchez les pommes, ôtez le cœur et coupez-les en gros cubes.

2 Coupez le rôti de porc en gros cubes. Versez-les dans un saladier et saupoudrez de cannelle, de curcuma et de cumin. Malaxez pour bien enrober la viande avec les épices.

3 Versez la viande dans une cocotte en fonte. Ajoutez l'ail, les oignons et le bouillon KUB puis versez de l'eau de façon à presque couvrir la viande. Couvrez et laissez mijoter 1 h. Mettez les pommes à cuire dans la cocotte 15 min avant la fin.

4 À la fin de la cuisson, salez et poivrez. Si vous avez trop de sauce, prolongez la cuisson à découvert pour que la sauce s'évapore.

Les ingrédients pour 4 personnes

1 gousse d'ail
2 oignons
2 pommes (type golden)
700 g de porc dans le filet
1 cuil. à soupe de cannelle en poudre
1 cuil. à café de curcuma en poudre
1/2 cuil. à café de graines de cumin
1 bouillon KUB
sel et poivre

Astuce_ Si vous souhaitez que votre plat soit plus copieux, ajoutez des pruneaux et des abricots secs.

le verre de vin qui va bien

Avec cette recette pleine de soleil et d'épices, servez des vins hauts en couleur venant d'Algérie ou du Liban. Essayez les vins « gris » servis frais (mais non glacés) : ils feront merveille.

Veau au citron

PRÉPARATION 20 MIN **| CUISSON** 50 MIN **| COÛT** ★★★ **| DIFFICULTÉ** ★

→ UNE RECETTE DE PLAT MIJOTÉ DÉLICIEUSE ET DÉPAYSANTE POUR NOS PAPILLES. CE MODE DE CUISSON EST PARFAIT POUR UNE CUISINE MINCEUR RICHE EN SAVEURS.

1 Épluchez l'oignon et coupez-le finement. Mettez un filet d'huile d'olive dans une cocotte et faites-le revenir 5 min, jusqu'à ce qu'il soit translucide. Coupez le citron confit en petits dés. Effeuillez la coriandre.

2 Ajoutez la viande dans la cocotte et faites-la colorer légèrement en la retournant régulièrement.

3 Versez de l'eau pour couvrir la viande juste à hauteur. Ajoutez le bouillon KUB, les petits dés de citron confit et les feuilles de coriandre.

4 Couvrez et laissez cuire 45 min à feu moyen. Salez et poivrez avant de servir. Si votre sauce est trop liquide, poursuivez la cuisson à découvert pour qu'elle s'évapore.

Les ingrédients pour 4 personnes

1 oignon rouge
1 filet d'huile d'olive
1 citron confit
1 bouquet de coriandre
800 g de sauté de veau
1 bouillon KUB
sel et poivre

le tuyau de laurence

Si vous n'avez pas de citron confit, faites-le vous-même : c'est très simple. Prenez un citron non traité et propre, et plongez-le dans une casserole d'eau froide ; portez à ébullition et égouttez dès les premiers signes de bouillonnements. Renouvelez 1 fois cette opération. Laissez refroidir et utilisez votre citron confit.

Tartare de bœuf façon Sud

PRÉPARATION 15 MIN | **COÛT** ★★★ | **DIFFICULTÉ** ★★

→ POUR LES INCONDITIONNELS DU TARTARE DE BŒUF, ESSAYEZ CETTE RECETTE FACILE ET ORIGINALE. VOUS POUVEZ Y AJOUTER UN JAUNE D'ŒUF, C'EST UN GRAND PLAISIR SANS CULPABILITÉ !

Les ingrédients pour 6 personnes

600 g de viande de bœuf dans le rumsteck
3 oignons nouveaux
2 tomates grappe
10 feuilles de basilic
50 g de parmesan
2 cuil. à soupe de tapenade d'olives noires
1/2 cuil. à soupe de vinaigre balsamique
sel et poivre

1 Hachez la viande de bœuf à l'aide d'un couteau bien tranchant. Plus fine sera la coupe, meilleur sera le tartare. Coupez finement les oignons nouveaux. Coupez les tomates en quatre, ôtez les graines et coupez la chair en petits dés. Coupez les feuilles de basilic en fines lanières. Réalisez des copeaux de parmesan à l'aide d'un couteau économe.

2 Versez la viande dans un plat creux, ajoutez la tapenade, le vinaigre balsamique, le basilic, les oignons et les tomates. Salez et poivrez généreusement. Mélangez délicatement.

3 Répartissez la viande ainsi préparée dans les assiettes, ou, si vous voulez donner une forme régulière à vos tartares, mettez la viande dans des ramequins, et démoulez dans les assiettes. Recouvrez de copeaux de parmesan et servez.

Astuce_ Vous pouvez servir ce tartare avec une salade mélangée, de type mesclun, agrémentée de quelques pignons de pin.

la botte secrète d'aude et leslie

Pour des apéros qui changent, pensez à servir ce tartare dans des petits verres (type shot de vodka), accompagnés d'une petite cuillère. Vos invités n'en feront qu'une bouchée !

Blanquette de dinde à la vanille

PRÉPARATION 30 MIN | **CUISSON** 45 MIN | **COÛT** ★★ | **DIFFICULTÉ** ★★

→ SUR LA BASE D'UN GRAND CLASSIQUE DE LA CUISINE FRANÇAISE, JE VOUS CONSEILLE D'ESSAYER CETTE VERSION ÉTONNANTE ET ALLÉGÉE DE LA BLANQUETTE DE NOS GRANDS-MÈRES.

1 Désossez la cuisse de dinde et découpez la chair en gros cubes.

2 Épluchez les carottes et coupez-les en bâtonnets. Épluchez et coupez les oignons en quatre. Épluchez et coupez la gousse d'ail en deux. Nettoyez les champignons et coupez la base du pied sablonneux. Fendez la gousse de vanille en deux.

3 Placez la viande dans une cocotte et ajoutez de l'eau, juste assez pour la recouvrir. Portez à ébullition puis ajoutez les carottes, les oignons, l'ail, les champignons, la gousse de vanille et le cube de bouillon de volaille. Couvrez et laissez cuire 40 min.

4 Dans un bol, mélangez le jaune d'œuf, la fécule de pomme de terre et la crème fraîche allégée.

5 Égouttez la viande et les légumes. Sortez la gousse de vanille et grattez l'intérieur avec la pointe d'un couteau, pour en laisser la chair dans le bouillon de cuisson. Ajoutez alors le contenu du bol dans le bouillon, fouettez énergiquement et remettez sur le feu pour faire épaissir. Quand celle-ci est bien épaisse, qu'elle nappe la cuillère, ajoutez le jus de citron, rectifiez l'assaisonnement en sel et en poivre, puis remettez la viande et les légumes dans la cocotte. Servez bien chaud.

Les ingrédients pour 6 personnes

1 cuisse de dinde de 1,2 à 1,5 kg
2 carottes
2 oignons
1 gousse d'ail
100 g de petits champignons de Paris
1 gousse de vanille
1 cube de bouillon de volaille dégraissé
1 jaune d'œuf
1 cuil. à soupe rase de fécule de pomme de terre
2 cuil. à soupe de crème fraîche allégée
le jus de 1/2 citron
sel et poivre

le tuyau de laurence

Conservez la gousse de vanille grattée comme décoration pour votre plat.

le truc de stéphan

Pour donner plus de saveur à la dinde coupez-la la veille et laissez-la reposer 1 nuit dans un récipient hermétique avec la gousse de vanille coupée en deux.

Bœuf grillé et risotto au bleu

PRÉPARATION 20 MIN | **CUISSON** 20 MIN | **COÛT** ★★ | **DIFFICULTÉ** ★★

1 Épluchez et coupez finement la gousse d'ail et l'oignon. Dans une petite casserole, mettez votre bouillon de volaille à chauffer.

2 Versez le filet d'huile d'olive dans une casserole à fond épais et faites revenir l'ail et les oignons 5 min à feu doux. Ajoutez le riz, augmentez légèrement le feu et laissez revenir 2 min en mélangeant de temps en temps. Arrosez de vin blanc et remuez sans cesse jusqu'à évaporation complète.

3 Baissez le feu, versez 1/3 du bouillon chaud sur le riz et laissez cuire à feu doux à découvert jusqu'à ce que le liquide soit quasiment absorbé. Répétez l'opération encore deux fois. Quand tout le bouillon a été versé, surveillez la cuisson et arrêtez-la quand le riz a quasiment absorbé tout le liquide (il doit en rester un petit peu, pour que le riz ne sèche pas).

4 À ce stade, le riz est onctueux. Ajoutez la crème liquide allégée et le bleu coupé en petits morceaux. Salez et poivrez.

5 Mettez votre pièce de bœuf à griller sur un gril en fonte. Salez, poivrez et coupez-la en fines lamelles. Servez avec le risotto saupoudré d'un peu de cerfeuil finement coupé.

Les ingrédients pour 4 personnes

1 gousse d'ail
1 oignon
75 cl de bouillon de volaille dégraissé
1 filet d'huile d'olive
200 g de riz pour risotto
1 verre de vin blanc
15 cl de crème fraîche liquide allégée
50 g de bleu de Bresse allégé
sel et poivre
1 tranche de rumsteck de 300 g et de 2 cm d'épaisseur
1 petit bouquet de cerfeuil

Astuce_ Le secret du risotto est de le déguster tout juste sorti de la casserole. Démarrez donc la cuisson de votre viande après avoir versé le dernier tiers de bouillon.

Tartare de saumon

PRÉPARATION 15 MIN | **MARINADE** 15 MIN | **COÛT** ★★ | **DIFFICULTÉ** ★

→ C'EST LA RECETTE PRÉFÉRÉE DE MA COPINE LESLIE : FACILE ET SUPER RAPIDE À FAIRE. C'EST UN VRAI DÉLICE POUR TOUTES CELLES QUI SONT DES GOURMANDES AVANT TOUT. JE VOUS DONNE SON SECRET... N'EN PARLEZ SURTOUT PAS !

1 Coupez le filet de saumon et le saumon fumé en tout petits morceaux. Coupez finement l'aneth. Versez les morceaux de saumon dans un plat, arrosez de jus de citron, saupoudrez d'aneth, salez et poivrez généreusement. Mélangez et laissez mariner 15 min au réfrigérateur. Ajoutez le tsatziki et mélangez.

2 Dans un bol, versez le vinaigre puis ajoutez du sel et du poivre. Versez l'huile et fouettez. Assaisonnez les pousses d'épinard avec cette sauce et répartissez-les dans 4 assiettes.

3 À l'aide d'un emporte-pièce, façonnez 4 tartares de saumon que vous disposerez dans les assiettes. Servez bien frais.

Les ingrédients pour 4 personnes

- 500 g de filet de saumon sans la peau
- 100 g de saumon fumé
- 5 branches d'aneth
- le jus de 1/2 citron vert
- 200 g de tsatziki
- 1 cuil. à café de vinaigre balsamique
- sel et poivre
- 2 cuil. à café d'huile d'olive
- 1 grosse poignée de jeunes pousses d'épinard

Pour varier_ Vous pouvez farcir des tomates grappe de cette préparation au saumon. C'est un plat très agréable dès les premières chaleurs.

le verre de vin qui va bien

Servez ce succulent tartare avec un blanc de Savoie. Essayez un abymes, ou un apremont.

Minute de thon rouge

PRÉPARATION 15 MIN I **MARINADE** 4 H I **CUISSON** 4 MIN I **COÛT** ★★ I **DIFFICULTÉ** ★

→ CETTE RECETTE D'INSPIRATION JAPONAISE EST UN VRAI RÉGAL. VOICI UNE FAÇON VRAIMENT TRÈS SAINE DE DÉGUSTER VOTRE THON. SERVEZ-LE ACCOMPAGNÉ D'UN BOL DE RIZ PARFUMÉ SAUPOUDRÉ DE GRAINES DE SÉSAME : DÉPAYSEMENT ASSURÉ !

1 Mettez l'huile de sésame à chauffer dans une poêle. Mettez le thon à cuire à feu vif et saisissez-le 2 min sur chaque face. Sortez-le de la poêle et plongez-le rapidement dans un saladier d'eau glacée pour le refroidir. Sortez-le aussitôt et épongez-le.

2 Épluchez et hachez les gousses d'ail et la racine de gingembre. Coupez finement la ciboulette. Versez le tout dans un bol et mélangez avec le vinaigre balsamique, la sauce soja et le jus de citron vert.

3 Mettez le poisson dans un plat creux et arrosez de la sauce. Laissez mariner 4 h au réfrigérateur.

4 Égouttez le poisson, coupez-le en tranches fines, répartissez-le dans 4 assiettes et saupoudrez de graines de sésame. Versez la marinade dans 4 petites coupelles en guise de sauce.

Les ingrédients pour 4 personnes

1 cuil. à soupe d'huile de sésame
600 g de thon rouge dans le filet
2 gousses d'ail
4 cm de racine de gingembre
20 brins de ciboulette
3 cuil. à soupe de vinaigre balsamique
6 cuil. à soupe de sauce soja
6 cuil. à soupe de jus de citron vert
(soit 2 citrons bien juteux)
1 cuil. à soupe de graines de sésame

Pour varier_ Si vous voulez préparer cette recette comme au pays du soleil levant, remplacez le vinaigre balsamique par du vinaigre de riz.

la botte secrète d'aude et leslie

Vous pouvez aussi préparer cette délicieuse recette en version carpaccio : dans ce cas-là, il suffit de placer le filet de thon enveloppé dans un film alimentaire au congélateur pendant 30 min. Découpez-le ensuite en fines lamelles à l'aide d'un couteau bien aiguisé. Répartissez le thon sur 4 grandes assiettes en rosace. Arrosez d'un filet de marinade. Vous pouvez aussi ajouter quelques germes de soja et 1 cuil. à soupe de sauce teriyaki dans la marinade.

le truc de stéphan

Le thon rouge est léger, délicieux... et très sain ! En effet, il contient en abondance des substances qui aident à une bonne santé cardio-vasculaire. Attention toutefois, ce poisson peut provoquer des allergies chez les plus jeunes.

Calmars et mangue épicée

PRÉPARATION 30 MIN | **MARINADE** 3 H | **CUISSON** 10 MIN | **COÛT** ★★ | **DIFFICULTÉ** ★★

→ IL N'Y A PAS QUE LES FILLES QUI APPRÉCIENT DE SE RÉGALER EN TOUTE LÉGÈRETÉ. JE VOUS LIVRE LA RECETTE PRÉFÉRÉE DE STÉPHAN...

1 Épluchez les gousses d'ail et hachez-les. Versez-les dans un bol avec le cumin, la sauce soja, l'huile de sésame, l'huile d'olive, le jus de citron, la purée de piment et le gingembre. Mélangez bien.

2 Mettez les anneaux de calmar dans un saladier et arrosez de la moitié de la sauce. Mettez le saladier au réfrigérateur 3 h à mariner.

3 Peu de temps avant de servir, pelez les mangues et coupez-les en lamelles. Épluchez le concombre et coupez-le en fines lamelles. Versez le tout dans un plat avec la roquette et le reste de la sauce. Ajoutez la coriandre finement coupée, salez et poivrez. Mélangez.

4 Égouttez les calmars sans garder la marinade. Faites griller les anneaux de calmar en plusieurs fois sur un gril en fonte très chaud légèrement huilé, ou à défaut dans une poêle antiadhésive avec un peu d'huile. Cuisez-les très rapidement jusqu'à ce qu'ils soient tendres et dorés. Salez et poivrez. Servez avec la salade de mangue et concombre.

Les ingrédients pour 4 personnes

2 gousses d'ail
1 cuil. à café de cumin en poudre
2 cuil. à soupe de sauce soja
1 cuil. à soupe d'huile de sésame
1 cuil. à soupe d'huile d'olive
le jus de 1 citron vert
1/2 cuil. à café de purée de piment
1 cuil. à café de gingembre frais râpé
500 g d'anneaux de calmar
2 mangues
1/2 concombre
1 poignée de roquette
5 branches de coriandre
sel et poivre

Astuce_ Pour être réussie, la cuisson des calmars doit être rapide à feu très vif ou longue à feu très doux, dans le cas d'un plat en sauce par exemple.

le truc de stéphan

Si vous ne trouvez pas de calmar, vous pouvez faire cette recette avec de la seiche : on la trouve assez facilement au rayon des surgelés.

Poisson à la thaïe

PRÉPARATION 15 MIN | **MARINADE** 15 MIN | **COÛT** ★★ | **DIFFICULTÉ** ★

→ UNE RECETTE DÉLICIEUSE ET VRAIMENT LÉGÈRE. VOUS LA RÉUSSIREZ À COUP SÛR À CONDITION D'ACHETER UN POISSON D'UNE IRRÉPROCHABLE FRAÎCHEUR.

1 Passez le poisson sous l'eau froide, épongez-le et coupez-le en petits dés. Mettez-le dans un plat creux et arrosez-le de jus de citron. Mettez le plat au réfrigérateur pendant 15 min.

2 Pendant ce temps, épluchez l'ail et le gingembre puis hachez-les. Versez dans un bol puis ajoutez la crème de coco et le bouquet de ciboulette finement coupée.

3 Sortez le plat du réfrigérateur, arrosez-le avec la préparation précédente, salez et poivrez généreusement. Mélangez et servez bien frais.

Les ingrédients pour 4 personnes

600 g de filet de daurade
le jus de 1 citron vert
2 gousses d'ail
5 cm de racine de gingembre frais
5 cl de crème de coco
1 bouquet de ciboulette
sel et poivre

Astuce_ Servez ce poisson à la thaïe sur un carpaccio d'avocat.

la botte secrète d'aude et leslie

Pour un dépaysement total, servez cette daurade à la thaïe accompagnée de cheveux d'ange (disponibles au rayon exotique des supermarchés). Pour les préparer, il suffit de les ébouillanter 10 min. Puis égouttez-les et servez-les immédiatement avec un filet de sauce soja.

Makis comme au Japon

PRÉPARATION 45 MIN | **REPOS** 1 H 10 | **CUISSON** 30 MIN | **COÛT** ★★ | **DIFFICULTÉ** ★★★

→ LES ROULEAUX DE MAKIS SONT TRÈS SIMPLES À RÉALISER QUAND ON A PRIS LE COUP DE MAIN, ALORS ENTRAÎNEZ-VOUS ! LE SEUL MATÉRIEL NÉCESSAIRE EST UNE PETITE NATTE DE BAMBOU VENDUE À CET EFFET.

1 Lavez abondamment le riz à l'eau clair et égouttez-le pendant 1 h. Versez-le dans une casserole, ajoutez 30 cl d'eau froide, portez à ébullition, couvrez et laissez cuire 30 min à tout petit feu. Enlevez la casserole du feu, ôtez le couvercle et couvrez avec un torchon propre. Laissez reposer 10 min.

2 Dans un bol, mélangez le vinaigre de riz, le sucre, le sel et le saké jusqu'à parfaite dissolution. Mettez le riz dans une terrine et mélangez-le à la préparation avec une cuillère en bois.

3 Coupez le poisson en petits cubes. Étalez une feuille d'algue, côté brillant sur la natte de bambou. Mouillez vos doigts et disposez une couche de riz sur la moitié de la feuille d'algue en laissant une marge de 1 cm pour la sceller. Prenez du wasabi sur votre index et étalez-le d'un trait sur le riz, puis disposez une bande de cubes de saumon dessus. Mouillez avec de l'eau la partie de l'algue non recouverte de riz.

4 Relevez le bord de la natte et roulez délicatement le tout en pressant fermement. Laissez reposer 1 min avant de découper le rouleau en 4 ; utilisez un couteau bien tranchant et mouillez sa lame au préalable.

Les ingrédients pour 4 personnes (16 pièces)

200 g de riz japonais (en épiceries asiatiques)
2 cuil. à soupe de vinaigre de riz
1 cuil. à café de sucre en poudre
1/3 de cuil. à café de sel fin
1 cuil. à café de saké
400 g de saumon bien frais
4 feuilles d'algue (nori)
1/2 cuil. à café de raifort vert (wasabi)

Astuces_ • Passez vos morceaux de poisson cru dans des graines de sésame avant de garnir les rouleaux. Servez avec de la sauce soja et du gingembre vinaigré.
• Le riz doit être à température ambiante pour bien coller.

Pour varier_ Vous pouvez remplacer le saumon par du thon rouge ou même par des bâtonnets de concombre.

le verre de vin qui va bien

Servez les makis comme au Japon, avec un peu de saké, froid ou légèrement chaud.

Blinis de sarrasin à la truite

PRÉPARATION 20 MIN | **REPOS** 2 H | **CUISSON** 10 À 15 MIN | **COÛT** ★ | **DIFFICULTÉ** ★★

→ LAISSEZ-VOUS TENTER PAR CES DÉLICIEUX BLINIS, VOUS POUVEZ EN ABUSER SANS SOUCI. LE SAINT-MÔRET REMPLACE LA CRÈME À MERVEILLE ; IL EXISTE ÉGALEMENT DU CARRÉ FRAIS GERVAIS À 0 % DE MATIÈRE GRASSE.

1 Cassez les œufs en séparant le blanc des jaunes. Dans un bol, mélangez la levure et la farine.

2 Versez le lait dans un saladier, ajoutez-y les jaunes d'œufs et fouettez tout en incorporant le mélange farine-levure. Ajoutez alors la crème liquide, salez et mélangez. Laissez poser 2 h à température ambiante.

3 Mettez une pincée de sel dans les blancs et montez-les en neige ; incorporez-les délicatement à la pâte. Faites chauffer une petite poêle antiadhésive et huilez le fond à l'aide d'un papier absorbant imbibé d'huile. Versez de la pâte sur 1 cm d'épaisseur et laissez cuire jusqu'à ce que la pâte devienne sèche en surface. Retournez la crêpe et faites-la dorer sur l'autre face. Gardez les blinis au chaud en couvrant avec un linge propre ou du papier d'aluminium.

4 Servez les blinis tartinés avec le fromage frais, donnez un tour de moulin à poivre et recouvrez d'une lamelle de truite fumée. Accompagnez de quartiers de citron vert.

Les ingrédients pour 4 personnes

2 œufs
200 g de farine de sarrasin
1/2 sachet de levure
15 cl de lait écrémé
15 cl de crème liquide allégée
1 barquette de fromage frais allégé (type Saint-Môret)
6 tranches de truite fumée
1 citron vert
sel et poivre

Pour varier_ Remplacez vos lamelles de truite fumée par du saumon fumé ou des œufs de poisson : saumon, truite ou lump selon votre budget. Vous pouvez également mélanger votre Saint-Môret à de la ciboulette ou de l'aneth finement coupés : un régal !

le tuyau de laurence

Si vous les dégustez en apéritif, faites de tout petits blinis et accompagnez-les d'un jus de tomate glacé et bien épicé que vous présenterez dans des petits verres à vodka.

Maquereaux grillés aux épices

PRÉPARATION 10 MIN | **CUISSON** 15 MIN | **COÛT** ★★ | **DIFFICULTÉ** ★

→ LE MAQUEREAU ÉTANT UN POISSON GRAS, MÊME S'IL RESTE MOINS GRAS QU'UNE VIANDE, VOUS N'AVEZ PAS BESOIN DE LUI AJOUTER UN FILET D'HUILE AVANT LA CUISSON.

1 Dans un bol, mélangez le gros sel avec les épices (gingembre, cumin, curry, coriandre, herbes de Provence, poivre).

2 Disposez les maquereaux dans un plat allant au four et saupoudrez-les du mélange de sel aux épices.

3 Faites cuire le plat sous le gril du four à puissance maximale. Laissez cuire 7 min de chaque côté. Servez bien chaud.

Les ingrédients pour 4 personnes

2 cui. à café de gros sel
1 cui. à soupe de gingembre en poudre
1/2 cuil. à soupe de poudre de cumin
1/2 cuil. à soupe de poudre de curry
1 cuil. à café de graines de coriandre
1 cuil. à café d'herbes de Provence
poivre
8 maquereaux

Astuces_ • Servez ce poisson avec du riz blanc parfumé ou tout simplement avec une salade de mâche pour un repas plus léger. • Ne prolongez pas la cuisson du poisson : c'est le secret de la réussite.

le truc de stéphan

En été, remplacez les maquereaux par des « lisettes » : ce sont des petits maquereaux, de la taille d'un crayon, dont la saveur est vraiment délicieuse.

Curry de moules au gingembre

PRÉPARATION 30 MIN | **CUISSON** 10 MIN | **COÛT** ★ | **DIFFICULTÉ** ★

→ SI VOUS ADOREZ LES MOULES, VOICI UNE RECETTE DÉLICIEUSE QUI CHANGE DES CLASSIQUES MOULES MARINIÈRES. L'UTILISATION DE LAIT DE COCO ET DE CRÈME ALLÉGÉE EN FAIT UNE RECETTE DÉLICIEUSE DONT ON PEUT ABUSER.

Les ingrédients pour 4 personnes

3 tomates grappe
1 petit bouquet de coriandre
2 l de moules
2 gousses d'ail
3 cm de racine de gingembre
3 échalotes
1 cuil. à soupe d'huile d'olive
10 cl de crème liquide allégée
20 cl de lait de coco
3 cuil. à café de curry en poudre
poivre

1 Coupez les tomates en quatre, ôtez les graines puis coupez la chair en petits dés. Coupez finement la coriandre. Réservez.

2 Éliminez toutes les moules qui ne sont pas bien fermées. Grattez les moules restantes pour les débarrasser des algues et des petits crustacés qui y sont attachés. Lavez à grande eau plusieurs fois et égouttez.

3 Épluchez et hachez l'ail et le gingembre. Épluchez les échalotes et coupez-les finement. Mettez une cocotte à chauffer avec l'huile d'olive puis ajoutez l'ail, les échalotes et le gingembre. Laissez revenir 1 min puis ajoutez les moules. Augmentez le feu puis laissez cuire en remuant régulièrement jusqu'à ce que les moules soient toutes ouvertes (5 min environ).

4 Dans un bol, mélangez la crème allégée, le lait de coco, la poudre de curry et quelques tours de moulin à poivre. Versez sur les moules et laissez cuire à nouveau 2 min.

5 Sortez du feu, ajoutez les dés de tomate et la coriandre coupée, mélangez et servez sans attendre dans un grand saladier.

le tuyau de laurence

C'est une recette très conviviale. Vous pouvez servir ces moules dans 4 petits saladiers individuels. Je vous promets que vos copains apprécieront que vous vous soyez mis aux fourneaux rien que pour eux !

Parmentier de cabillaud au pesto

PRÉPARATION 30 MIN | **CUISSON** 35 MIN | **COÛT** ★★ | **DIFFICULTÉ** ★

→ CONFECTIONNEZ VOTRE PESTO AVEC DE LA CRÈME ALLÉGÉE AU LIEU DE L'HUILE D'OLIVE. LE RÉSULTAT EST DÉLICIEUX ET PLUS RAISONNABLE POUR VOTRE LIGNE !

1 Commencez par faire la sauce pesto. Détachez les feuilles de basilic de leur branche et épluchez les gousses d'ail. Versez-les dans le bol de votre mixeur avec la crème allégée, les pignons de pin et le parmesan. Mixez pour obtenir une crème homogène, salez et poivrez.

2 Pelez les pommes de terre, coupez-les en deux et mettez-les dans une grande casserole. Couvrez d'eau froide, salez et portez à ébullition. Laissez cuire 15 min puis égouttez. Écrasez-les grossièrement à la fourchette quand elles sont encore chaudes et étalez-les au fond d'un plat allant au four.

3 Préchauffez le four à 150 °C (th. 5). Mettez le court-bouillon dans une casserole et portez à ébullition. Plongez-y le cabillaud, baissez le feu et laissez cuire à petits frémissements pendant 10 min. Égouttez le poisson et émiettez-le grossièrement à la fourchette en supprimeant toutes les arêtes.

4 Mélangez les miettes de poisson à la crème de basilic et versez cette préparation sur les pommes de terre. Réchauffez au four 10 min. Servez aussitôt.

Les ingrédients pour 4 personnes

Pour la sauce pesto

6 branches de basilic
2 gousses d'ail
10 cl de crème liquide allégée
1 cuil. à soupe de pignons de pin
2 cuil. à soupe de parmesan râpé
sel et poivre

Pour le parmentier

500 g de pommes de terre à chair ferme (type roseval, amandine ou charlotte)
sel
1 l de court-bouillon bien relevé
800 g de filet de cabillaud

Astuce_ Réalisez vous-même votre court-bouillon en mettant dans une casserole, 1 l d'eau, 1 carotte coupée en rondelle, 1 oignon pelé et coupé en 4, 1 gousse d'ail, 1 branche de céleri coupée en 4, 1 feuille de laurier, 1 branche de thym et 1 bouillon KUB. Portez à ébullition et laissez bouillir à gros bouillons pendant 30 min avant d'y plonger le poisson.

la botte secrète d'aude et leslie

Pour varier les plaisirs, remplacez les pommes de terre écrasées par une purée de courgettes.

Salade marocaine au haddock

PRÉPARATION 40 MIN | **CUISSON** 30 MIN | **COÛT** ★★ | **DIFFICULTÉ** ★★

→ CETTE SALADE D'INSPIRATION MAROCAINE EST UN VRAI DÉLICE. ELLE SE PRÉPARE À L'AVANCE, VOUS N'AUREZ QU'À LA SORTIR AU MOMENT DE PASSER À TABLE. SUCCÈS GARANTI.

Les ingrédients pour 4 personnes

- 6 fonds d'artichaut surgelés
- 3 oranges
- 1 citron
- 1 gousse d'ail
- 2 cuil. à soupe d'huile d'olive
- sel et poivre
- 1 cuil. à café de mélange 4 épices
- 200 g de filet de haddock
- 25 cl d'eau
- 25 cl de lait
- 1 cuil. à soupe de paprika
- 10 olives noires dénoyautées

1 Mettez une casserole d'eau salée sur le feu, portez à ébullition, plongez-y les fonds d'artichaut et laissez-les cuire 10 min. Égouttez-les et coupez-les en quatre.

2 Pendant ce temps, pelez 2 oranges à vif et coupez-les en rondelles. Ôtez les pépins et coupez les rondelles en quatre. Pressez le citron et la dernière orange dans un bol. Épluchez et hachez la gousse d'ail puis ajoutez-la dans le bol.

3 Dans une sauteuse ou une grande poêle, versez 1 cuil. à soupe d'huile d'olive, ajoutez les fonds d'artichaut, salez, poivrez et laissez revenir 5 min. Saupoudrez de mélange 4 épices, arrosez avec le contenu du bol, ajoutez les morceaux d'orange et couvrez. Laissez cuire à feu très doux 20 min. Sortez du feu, versez dans un plat creux et laissez refroidir.

4 Placez le haddock dans une casserole, couvrez avec l'eau et le lait, saupoudrez de paprika et portez à ébullition. Laissez cuire 10 min à petits bouillons. Égouttez, séchez bien et coupez le poisson en petites lamelles. Ajoutez dans le plat creux. Décorez d'olives coupées en deux, arrosez de 1 cuil. à soupe d'huile d'olive et mettez au réfrigérateur. Servez bien frais.

Astuces_ • Vous pouvez saupoudrer cette salade de coriandre finement coupée et de quelques amandes grillées au moment de servir. C'est délicieux.
• Si vous souhaitez une entrée plus légère, vous pouvez supprimer le haddock de la recette.

le truc de stéphan

Vous pouvez préparer cette recette avec de fines tranches de flétan fumé ou de haddock fumé.

Poêlée de potimarron au tofu

PRÉPARATION 15 MIN | **CUISSON** 20 MIN | **COÛT** ★★ | **DIFFICULTÉ** ★

→ LE POTIMARRON EST UN POTIRON AVEC UN PETIT GOÛT DE CHÂTAIGNE, C'EST DÉLICAT ET DÉLICIEUX. TOUTEFOIS, SI VOUS N'EN TROUVEZ PAS, VOUS POUVEZ SANS SOUCI RÉALISER CETTE RECETTE AVEC DU POTIRON.

1 Ôtez la peau du potimarron et coupez la chair en cubes. Versez dans une casserole, recouvrez d'eau, ajoutez le bouillon KUB, portez à ébullition et laissez cuire 10 min. Égouttez.

2 Épluchez les oignons rouges et coupez-les finement. Épluchez la gousse d'ail et hachez-la. Mettez une poêle à chauffer avec l'huile d'olive, versez les oignons et l'ail. Remuez et laissez cuire à feu doux jusqu'à ce que les oignons soient translucides.

3 Ajoutez alors les cubes de potimarron égouttés et le tofu coupé en morceaux. Saupoudrez de cannelle, salez et poivrez. Laissez cuire 10 min à feu moyen en remuant délicatement de temps en temps avec une cuillère en bois. Ajoutez les pignons de pin en fin de cuisson. Servez bien chaud.

Les ingrédients pour 4 personnes

500 g de potimarron
1 bouillon KUB
2 oignons rouges
1 gousse d'ail
1 cuil. à soupe d'huile d'olive
200 g de tofu
1 cuil. à café de cannelle
sel et poivre
1 cuil. à soupe de pignons de pin

la botte secrète d'aude et leslie

Pour varier les saveurs, vous pouvez remplacer la cannelle par du cumin en poudre. Dans ce cas, parsemez le tout de coriandre finement coupée.

le truc de stéphan

Le potimarron, comme le potiron ou la citrouille, est un véritable trésor de bienfaits pour la santé car il contient de nombreux « antioxydants » qui aident l'organisme à se protéger des maladies. Consommez-en donc souvent !

Clafoutis de chèvre et tomates cerise

PRÉPARATION 20 MIN | **CUISSON** 30 MIN | **COÛT** ★★ | **DIFFICULTÉ** ★

1 Préchauffez le four à 160 °C (th. 5-6). Coupez finement les feuilles d'estragon. Cassez les œufs dans un saladier, versez le lait et la crème. Salez, poivrez et ajoutez l'estragon coupé. Fouettez pour obtenir un mélange homogène.

2 Beurrez le moule. Dans une assiette, écrasez le fromage de chèvre frais à la fourchette, étalez-le dans le fond du plat et poivrez. Répartissez les feuilles de roquette et les tomates cerise entières sur le fromage.

3 Versez les œufs battus dans le plat. Mettez à cuire au four 30 min. Vérifiez la cuisson avec la pointe d'un couteau : votre clafoutis est cuit lorsque la lame ressort propre. Poursuivez la cuisson quelques minutes si nécessaire. Servez chaud avec une petite salade de roquette.

Les ingrédients pour 4 personnes

4 branches d'estragon
5 œufs
25 cl de lait écrémé
25 cl de crème liquide allégée
sel et poivre
150 g de chèvre frais
1 poignée de roquette
1 barquette de tomates cerise
1 noisette de beurre pour le plat

la botte secrète d'aude et leslie

Pour un petit plus gourmand, pensez à rajouter 100 g de fèves surgelées extra-fines non décongelées en même temps que les tomates cerise.

Gratin de polenta aux échalotes confites

PRÉPARATION 30 MIN | **CUISSON** 40 MIN | **COÛT** ★★ | **DIFFICULTÉ** ★★

1 Épluchez les échalotes et coupez-les en deux dans le sens de la longueur. Épluchez les gousses d'ail et hachez-les. Versez l'huile d'olive dans une grande poêle, ajoutez l'ail haché, remuez et déposez les échalotes côté coupé sur le fond de la poêle. Laissez cuire à feu doux ; quand les échalotes sont translucides, saupoudrez-les de cannelle, de cumin et de sucre en poudre. Poivrez et poursuivez la cuisson 10 min.

2 Préchauffez le four à 200 °C (th. 6-7). Versez le lait, la crème liquide et la crème fraîche dans une casserole puis portez à ébullition. Hors du feu, ajoutez la polenta tout en remuant. Remettez sur le feu et laissez cuire 10 min à feu doux en remuant régulièrement avec une cuillère en bois. Ajoutez le parmesan, salez, poivrez et mélangez à nouveau.

3 Beurrez un plat à gratin. Versez-y la moitié de la polenta. Recouvrez avec les échalotes confites puis recouvrez avec le reste de polenta. Faites cuire au four 10 min. Servez chaud.

Les ingrédients pour 4 à 6 personnes

500 g d'échalotes
2 gousses d'ail
1 cuil. à soupe d'huile d'olive
1/2 cuil. à café de cannelle
1/2 cuil. à café de cumin
1 cuil. à soupe rase de sucre en poudre
75 cl de lait écrémé
25 cl de crème liquide allégée
100 g de crème fraîche allégée
120 g de polenta
100 g de parmesan râpé
sel et poivre
1 noisette de beurre pour le moule

Astuces_ • Vous pouvez remplacer le parmesan par du gruyère râpé allégé.
• Vous pouvez également saupoudrer la surface du gratin d'un peu de parmesan ou de gruyère râpé et terminer la cuisson par 2 min en position gril.

le truc de stéphan

Sachez que les enfants qui ont la chance de connaître la polenta l'aiment tous en général. Voici donc une bonne manière de faire varier les éternels riz et pâtes...

Flan de carotte et chèvre au cumin

PRÉPARATION 25 MIN | **CUISSON** 35 MIN | **COÛT** ★ | **DIFFICULTÉ** ★ |

MATÉRIEL SPÉCIFIQUE 4 RAMEQUINS

1 Préchauffez le four à 150 °C (th. 5). Épluchez les carottes et coupez-les en grosses rondelles. Portez une casserole d'eau salée à ébullition, versez-y les rondelles de carottes et laissez cuire 15 min. Égouttez les carottes cuites et versez-les dans votre robot ; ajoutez le chèvre frais. Réduisez en purée.

2 Dans un saladier, battez les œufs entiers, les jaunes et la crème liquide, ajoutez les épices (cumin et gingembre) et la purée de carotte. Salez, poivrez et mélangez bien.

3 Beurrez les ramequins individuels avec un papier absorbant pour enlever le surplus. Répartissez-y la préparation et faites cuire au four 20 min au bain-marie. Vérifiez la cuisson avec la pointe d'un couteau : votre flan est cuit si la lame ressort propre.

Les ingrédients pour 4 personnes

600 g de carottes
100 g de chèvre frais
4 œufs entiers
4 jaunes d'œufs
50 cl de crème liquide allégée
1 cuil. à café de cumin en poudre
1/2 cuil. à café de gingembre en poudre
sel et poivre
1 noix de beurre pour les moules

Astuce_ Pour la cuisson au bain-marie, mettez les 4 ramequins dans un grand plat à gratin que vous remplirez d'eau à mi-hauteur.

Mille-feuille de légumes grillés et cottage-cheese

PRÉPARATION 20 MIN | **CUISSON** 10 MIN | **COÛT** ★★ | **DIFFICULTÉ** ★

→ CETTE RECETTE EST TRÈS SIMPLE ET TRÈS RAPIDE SI VOUS UTILISEZ LES TRANCHES D'AUBERGINE DÉJÀ GRILLÉES VENDUES AU RAYON DES SURGELÉS.

1 Mettez votre poivron entier sous le gril du four. Tournez-le au fur et à mesure que la peau se cloque et noircit. Quand toute la surface est passée sous le gril, sortez le poivron du four, emballez-le dans du film alimentaire et laissez-le tiédir. Ôtez alors le film et la peau à l'aide de la pointe d'un couteau. Coupez le poivron en deux, enlevez les graines et coupez la chair en petits dés.

2 Versez le cottage-cheese dans un bol, ajoutez les herbes coupées (ciboulette et basilic), salez et poivrez généreusement. Mélangez.

3 Coupez les tranches d'aubergine grillées en deux dans le sens de la longueur. Montez vos mille-feuilles en alternant une lamelle d'aubergine, une couche de cottage-cheese, une lamelle d'aubergine, une couche de dés de poivrons, une lamelle d'aubergine, une couche de cottage-cheese et enfin une lamelle d'aubergine. Servez froid.

Les ingrédients pour 4 personnes

1 poivron rouge
200 g de cottage-cheese
2 cuil. à soupe de ciboulette finement coupée
2 cuil. à soupe de basilic finement coupé
sel et poivre
6 tranches d'aubergine grillées

Astuce_ Vous pouvez mélanger des dés de tomates séchées ou confites aux dés de poivron rouge.

le verre de vin qui va bien

Donnez encore plus de caractère à cette recette légère et savoureuse en servant tout simplement un bon beaujolais-villages.

Soufflé de courgette et ricotta à la semoule

PRÉPARATION 20 MIN I **REPOS** 50 MIN I **CUISSON** 50 MIN I **COÛT** ★ I **DIFFICULTÉ** ★★ I
MATÉRIEL SPÉCIFIQUE 1 PLAT À SOUFFLÉ

1 Lavez les courgettes et coupez-les en grosses rondelles (sans ôter la peau). Portez à ébullition une casserole d'eau salée ; versez-y les rondelles de courgettes et faites cuire 10 min. Égouttez et réduisez en purée à l'aide d'un bras à soupe ou dans un mixeur. Laissez refroidir.

2 Séparez les blancs des jaunes d'œufs. Versez les 6 blancs dans un saladier et les 4 jaunes dans un autre. Fouettez les jaunes d'œufs avec la ricotta et la semoule de blé. Salez, poivrez, ajoutez la menthe coupée et la purée de courgette. Mélangez à nouveau et laissez reposer 30 min au frais.

3 Préchauffez le four à 180 °C (th. 6). Montez les blancs en neige ferme puis incorporez-y délicatement le mélange précédent. Beurrez le plat à soufflé avec un papier absorbant pour enlever le surplus, puis remplissez-le aux 3/4.
Faites cuire au four 40 min. N'ouvrez pas la porte du four avant la fin de la cuisson. Servez aussitôt.

Les ingrédients pour 4 personnes
400 g de courgettes
6 œufs (4 jaunes et 6 blancs)
250 g de ricotta
50 g de semoule de blé dur
sel et poivre
2 cuil. à soupe de menthe finement coupée
1 noisette de beurre pour le moule

Astuces_ • Si vous faites des soufflés dans des moules individuels, réduisez le temps de cuisson à 25 min. • Vous pouvez utiliser les 2 jaunes d'œufs inutiles dans cette recette pour faire une mayonnaise ou une crème anglaise.

la botte secrète d'aude et leslie

Vous voulez la clé de la réussite pour que vos soufflés montent bien ? Après avoir beurré le(s) moule(s), ne touchez pas l'intérieur avec les doigts, une seule empreinte suffirait à les couper dans leur élan...

Rösties de carotte

PRÉPARATION 20 MIN | **CUISSON** 15 À 20 MIN | **COÛT** ★ | **DIFFICULTÉ** ★★

→ VOICI LA RECETTE QU'AUDE M'A TRANSMISE COMME UN SECRET : PROFITEZ-EN, C'EST UN DÉLICE !

1 Dans un saladier, battez l'œuf entier et le blanc. Ajoutez la farine, le parmesan, le cumin et la crème. Salez et poivrez puis fouettez à nouveau.

2 Épluchez et râpez les carottes. Versez-les dans le saladier et mélangez-les à la préparation.

3 Mettez une poêle à chauffer avec un filet d'huile d'olive. Prélevez une portion de la préparation à l'aide d'une cuillère à soupe et déposez-la dans la poêle. Aplatissez avec le dos de la cuillère. Vous pouvez mettre plusieurs rösties à cuire en même temps, prenez juste garde à ne pas trop les serrer dans la poêle. Laissez-les cuire à feu doux environ 5 min sur chaque face. Servez chaud.

Les ingrédients pour 4 personnes

1 œuf + 1 blanc d'œuf
30 g de farine
50 g de parmesan râpé
1 cuil. à café de cumin en poudre
50 ml de crème liquide allégée
sel et poivre
500 g de carottes
1 filet d'huile d'olive

Salade merveilleuse sucré-salé

PRÉPARATION 30 MIN | **COÛT** ★★ | **DIFFICULTÉ** ★★

1 Pelez la mangue, la papaye et l'avocat et coupez la chair de tous ces fruits en dés. Coupez l'ananas en dés également. Versez tous ces fruits dans un saladier ; ajoutez les framboises (sauf 6 que vous garderez pour la sauce) et la coriandre finement coupée. Poivrez.

2 Dans un bol, mélangez la moutarde, le vinaigre et une pincée de sel. Écrasez les 6 framboises restantes et ajoutez-les dans le bol ; ajoutez l'huile d'olive et le jus d'orange. Fouettez la sauce.

3 Versez la sauce sur le mélange de fruits et mélangez délicatement. Répartissez dans 4 assiettes, ajoutez les noix concassées et le bleu émietté. Servez bien frais.

Les ingrédients pour 4 personnes

1 mangue
1 papaye
1 avocat
100 g d'ananas
100 g de framboises
1 petit bouquet de coriandre
poivre
50 g de fromage bleu allégé
50 g de noix concassées

Pour la sauce

1 cuil. à soupe de moutarde à l'ancienne
1 cuil. à soupe de vinaigre de framboise
sel
6 framboises
2 cuil. à soupe d'huile d'olive
15 cl de jus d'orange frais

Salade de roquette et pastèque au sésame

PRÉPARATION 20 MIN | **COÛT** ★★ | **DIFFICULTÉ** ★

1 Dans un bol, mélangez la moutarde, la sauce soja et le vinaigre balsamique. Salez et poivrez puis versez les deux huiles (d'olive et de sésame) tout en fouettant.

2 Ôtez la peau de la pastèque et coupez la chair en petits cubes. Pelez la pomme, enlevez le cœur et coupez les quartiers en fines lamelles. Pelez le demi-concombre, coupez-le en deux dans le sens de la longueur, ôtez les graines et tranchez-le en fines lamelles. Versez tous ces fruits et légumes dans un saladier.

3 Ajoutez la roquette, la coriandre grossièrement coupée, la feta émiettée et les graines de sésame. Arrosez de sauce et mélangez. Servez aussitôt.

Les ingrédients pour 4 personnes

1/4 de pastèque
1 pomme
1/2 concombre
125 g de roquette
1/2 bouquet de coriandre
100 g de feta
2 cuil. à soupe de graines de sésame

Pour la sauce

1 cuil. à soupe de moutarde
1 cuil. à soupe de sauce soja
1 cuil. à soupe de vinaigre balsamique
sel et poivre
2 cuil. à soupe d'huile d'olive
1 cuil. à soupe d'huile de sésame

Astuce_ Vous pouvez supprimer la feta et servir cette salade en entrée ou pour accompagner une tarte salée.

le tuyau de laurence

Pour une sauce plus light, ajoutez-y 1 à 2 cuil. à soupe d'eau plate ou gazeuse et émulsionnez bien le tout en fouettant énergiquement.

la botte secrète d'aude et leslie

Pour une présentation plus originale, pensez à découper la pastèque en billes. Pour cela, il suffit de creuser des billes dans la chair de part et d'autre du quartier de pastèque à l'aide d'une cuillère à pomme parisienne.

Briouattes de légumes du Sud à la feta

PRÉPARATION 50 MIN | **CUISSON** 15 MIN | **COÛT** ★★ | **DIFFICULTÉ** ★★★

1 Mettez votre poivron entier sous le gril du four. Tournez-le au fur et à mesure que la peau se cloque et noircit. Quand toute la surface est passée sous le gril, sortez-le du four, emballez-le dans du film alimentaire et laissez-le tiédir. Ôtez alors le film et la peau à l'aide de la pointe d'un couteau. Coupez le poivron en deux, enlevez les graines et coupez la chair en lanières.

2 Coupez la courgette et l'aubergine dans le sens de la longueur en lamelles de 5 mm d'épaisseur. Épluchez l'oignon rouge et coupez-le en lamelles également. Badigeonnez très légèrement les légumes d'huile d'olive à l'aide d'un pinceau alimentaire ; étalez tous les légumes sur la plaque du four et faites cuire 10 min sous le gril. Retournez les tranches de légumes à mi-cuisson. Sortez du four et coupez-les en lanières.

3 Préchauffez le four à 150 °C (th. 5). Égouttez les tomates séchées et coupez-les en dés ; versez-les dans un saladier, ajoutez les autres légumes, saupoudrez de cannelle, de cumin et de gingembre. Ajoutez la feta émiettée et mélangez.

4 Coupez vos feuilles de brick en deux puis pliez à nouveau chaque moitié en deux en rabattant le bord arrondi sur le bord découpé. Déposez une noix de la préparation à l'extrémité de la bande de pâte, aplatissez avec le dos de la cuillère puis rabattez le coin en biais sur la farce de façon à former un triangle. Rabattez alors le triangle sur lui-même et ce jusqu'au bout de la bande. Rentrez l'extrémité de la feuille de brick pour maintenir le tout bien fermé.

5 Déposez les triangles sur une plaque et faites-les cuire au four 15 min. Servez chaud.

Les ingrédients pour 4 personnes

1 poivron rouge
1 courgette
1 aubergine
1 oignon rouge
huile d'olive
100 g de tomates séchées à l'huile d'olive
1/2 cuil. à café de cannelle
1/2 cuil. à café de cumin en poudre
1/2 cuil. à café de gingembre en poudre
150 g de feta
sel et poivre
10 feuilles de brick

Astuce_ Pour gagner du temps dans la préparation de cette recette, sachez qu'il existe des sachets de légumes grillés au rayon des surgelés.

Tarte framboise au fromage blanc

PRÉPARATION 20 MIN | **CUISSON** 15 MIN | **RÉFRIGÉRATION** 30 MIN | **COÛT** ★★ | **DIFFICULTÉ** ★

1 Préchauffez le four à 180 °C (th. 6). Étalez la pâte sablée dans le moule, piquez le fond avec les dents d'une fourchette et faites cuire au four pendant 15 min. Laissez refroidir hors du four.

2 Pendant ce temps, mettez votre feuille de gélatine à tremper 10 min dans l'eau froide, puis essorez-la délicatement. Dans une petite casserole, faites chauffer le lait et l'extrait de vanille puis faites-y fondre la feuille de gélatine essorée.

3 Mélangez les blancs d'œufs et le sucre, et montez-les en neige ferme. Dans un bol à part fouettez votre fromage blanc avec le lait et la gélatine fondue. Incorporez délicatement le fromage blanc battu aux blancs en neige. Mélangez avec une cuillère en bois.

4 Étalez la moitié de la préparation sur le fond de tarte cuit, répartissez les framboises dessus puis recouvrez avec l'autre moitié de la préparation. Placez au réfrigérateur au moins 30 min avant de servir.

Les ingrédients pour 4 personnes

1 pâte sablée toute prête
1 feuille de gélatine
3 cuil. à soupe de lait
1 cuil. à café d'extrait de vanille
2 blancs d'œufs
50 g de sucre
250 g de fromage blanc à 20 % de matière grasse
250 g de framboises

Astuce_ Ne préparez pas cette tarte trop à l'avance afin que le fond de tarte reste croquant.

Pour varier_ Cette tarte peut se faire avec de nombreux fruits comme les fraises, les poires ou les pêches. C'est tout aussi succulent !

la botte secrète d'aude et leslie

Pensez à accompagner cette délicieuse tarte d'un milk-shake 0 % pour faire une pause sucrée sans culpabiliser. Pour cela, il suffit de passer au mixeur 1 barquette de fraises (250 g), 1 barquette de framboises (125 g), 200 g de fromage blanc 0 % de matière grasse, 2 cuil. à soupe d'aspartam et 8 glaçons.
Si ce n'est pas la saison des fraises et des framboises, pensez aux fruits surgelés.

Soupe de fraises à l'anis

PRÉPARATION 5 MIN | **CUISSON** 15 MIN | **RÉFRIGÉRATION** 30 MIN | **COÛT** ★★ | **DIFFICULTÉ** ★

→ CETTE RECETTE EST DÉLICIEUSE EN SOUPE MAIS VOUS POUVEZ ÉGALEMENT LA DÉGUSTER SANS MIXER LES FRUITS. LES FRUITS À PEINE COMPOTÉS NAGENT DANS UN JUS PARFUMÉ À L'ANIS : C'EST UN VRAI RÉGAL, QUOIQU IL ARRIVE !

1 Équeutez les fraises mais ne les lavez pas, elles perdraient une grande partie de leur arôme. Laissez-les entières ou coupez-les en deux ou en quatre, selon leur grosseur.

2 Mettez une poêle à chauffer avec l'huile d'olive. Ajoutez vos fraises, saupoudrez de sucre et saisissez-les 2 min à feu vif.

3 Arrosez de pastis et laissez cuire à nouveau 1 min pour que l'alcool s'évapore et que seul le goût de l'anis reste. Arrosez de jus d'orange et laissez mijoter 10 min. Versez le tout dans un mixeur et mixez pour obtenir un mélange homogène. Vous pouvez également utiliser un bras à soupe.

4 Mettez au réfrigérateur 30 min environ et servez glacé.

Les ingrédients pour 4 personnes

500 g de fraises

1/2 cuil. à soupe d'huile d'olive

2 cuil. à soupe de sucre roux

10 cl de pastis pur

50 cl de jus d'orange frais

la botte secrète d'aude et leslie

Pour un petit plus déco, pensez à déposer sur le dessus de cette soupe glacée un anis étoilé (badiane).

Terrine d'agrumes à la fleur d'oranger

PRÉPARATION 40 MIN | **RÉFRIGÉRATION** 2 H | **COÛT** ★ | **DIFFICULTÉ** ★★ |

MATÉRIEL SPÉCIFIQUE 1 PLAT À TERRINE

→ POUR RÉALISER CETTE RECETTE, PUISEZ DANS LA RICHESSE DES JUS DE FRUITS DES RAYON FRAIS DES MAGASINS D'ALIMENTATION. CETTE TERRINE EST UN MERVEILLEUX DESSERT, QUI NE COMPORTE AUCUN SUCRE À PART CELUI DES FRUITS.

1 Épluchez les oranges et les pamplemousses à vif (p. 114). Travaillez au-dessus d'un saladier pour récupérer le jus qui s'écoule.

2 Mettez les feuilles de gélatine à tremper 10 min dans un grand bol d'eau froide. Versez le jus récupéré précédemment dans une petite casserole, ajoutez l'eau de fleur d'oranger et portez à ébullition. Hors du feu, mettez-y à fondre les feuilles de gélatine que vous aurez essorées entre vos mains. Remuez pour bien les dissoudre puis mélangez aux 50 cl de jus d'agrume frais. Laissez refroidir la gelée d'agrume à température ambiante 15 min environ et utilisez-la avant qu'elle ne prenne.

3 Tapissez une terrine de film transparent, versez un peu de gelée refroidie sur 1 cm et mettez au réfrigérateur pendant 10 à 15 min environ pour qu'elle prenne.

4 Sortez la terrine et déposez-y une première couche d'agrumes, reccuvrez de gelée, disposez à nouveau une couche d'agrumes et ainsi de suite jusqu'à ce que la terrine soit remplie. Placez au réfrigérateur au moins 2 h avant de servir.

5 Démoulez délicatement et coupez en tranches. Aidez-vous d'un couteau électrique, idéal pour des terrines un peu fragiles.

Les ingrédients pour 6 personnes

10 oranges
2 pamplemousses roses
6 feuilles de gélatine
1 cuil. à soupe d'eau de fleur d'oranger
50 cl de jus d'agrume frais (mélange orange, pamplemousse et clémentine par exemple)

le truc de stéphan

Pour solidifier un petit peu plus cette exquise terrine, ajoutez dans la casserole en ébullition 1 cuil. à soupe de sucre pour gelée de fruit.

Mousse légère de chocolat à l'orange

PRÉPARATION 15 MIN | **CUISSON** 5 MIN | **RÉFRIGÉRATION** 2 H | **COÛT** ★ | **DIFFICULTÉ** ★

→ CETTE MOUSSE AU CHOCOLAT EST VRAIMENT MON BEST OF MINCEUR. CETTE RECETTE NE CONTIENT NI SUCRE AJOUTÉ, NI BEURRE, NI CRÈME, ET VOUS N'UTILISEZ QUE 3 JAUNES D'ŒUFS. ELLE RESTE TRÈS FORTE EN CHOCOLAT, ALORS CRAQUEZ SANS COMPLEXE, C'EST UN BONHEUR.

Les ingrédients pour 4 personnes

- 3 feuilles de gélatine
- 2 oranges
- 200 g de chocolat noir dessert
- 6 œufs (6 blancs et 3 jaunes)

1 Mettez les feuilles de gélatine à tremper 10 min dans un bol d'eau froide. Pressez les oranges et versez le jus dans une petite casserole. Essorez les feuilles de gélatine entre vos mains.

2 Portez le jus à ébullition, sortez-le aussitôt du feu et ajoutez la gélatine essorée. Mélangez pour bien la dissoudre puis ajoutez le chocolat coupé en carrés. Remuez avec une cuillère en bois pendant que le chocolat fond pour obtenir un mélange bien lisse. Remettez quelques secondes sur feu très doux si le chocolat n'est pas complètement fondu.

3 Séparez les blancs des jaunes d'œufs. Gardez les 6 blancs et ne conservez que 3 jaunes. Montez les blancs en neige bien ferme.

4 Versez les 3 jaunes sur le chocolat fondu et mélangez. Incorporez ensuite les blancs délicatement en mélangeant bien avec une spatule.

5 Versez dans un saladier et mettez au moins 2 h au froid avant de déguster.

Astuce_ Vous pouvez utiliser les jaunes d'œufs inutiles dans cette recette pour faire une crème anglaise, ou préparer une mayonnaise.

la botte secrète d'aude et leslie

Cette recette atteint le top avec une salade d'oranges pelées à vif, dans laquelle vous aurez rajouté quelques pincées de cannelle en poudre.

le verre de vin qui va bien

Avec le chocolat, vous pouvez essayer des associations inhabituelles et exquises. Servez cette mousse avec un bon banyuls par exemple : vos invités apprécieront sûrement la subtilité du mélange.

Pastilla fine mangue et pomme

PRÉPARATION 30 MIN | **CUISSON** 30 MIN | **COÛT** ★★ | **DIFFICULTÉ** ★★ |

MATÉRIEL SPÉCIFIQUE 1 MOULE À GÂTEAU ROND

→ LES RECETTES À BASE DE FRUITS CUITS SONT UN VRAI PLAISIR À DÉGUSTER. TOUT L'ARÔME DU FRUIT RESSORT À LA CUISSON ET, PAR CONSÉQUENT, VOUS N'AVEZ PAS BESOIN DE RAJOUTER DE SUCRE.

1 Préchauffez votre four à 180 °C (th. 6). Pelez les pommes, ôtez le cœur et coupez-les en fines lamelles. Épluchez la mangue et coupez la chair en fines lamelles en tournant autour du noyau. Râpez finement le zeste de citron vert.

2 Versez le jus de pomme dans une casserole et ajoutez les lamelles de pommes. Mettez sur le feu et laissez cuire 10 min à découvert jusqu'à ce que les pommes soient tendres et le jus légèrement sirupeux. Hors du feu, ajoutez les tranches de mangue et le zeste du citron vert. Mélangez.

3 Beurrez votre moule à gâteau rond avec un papier absorbant pour éviter le surplus. Tapissez le fond du moule de 4 feuilles de brick. Badigeonnez les 4 feuilles restantes de beurre fondu et saupoudrez-les de sucre glace.

4 Versez les fruits dans le moule, rabattez les bords des feuilles de brick sur les fruits puis recouvrez avec les feuilles beurrées. Rentrez les bords dans le moule.

5 Mettez votre pastilla à cuire 20 min dans le four chaud. Démoulez-la encore chaude et saupoudrez d'un peu de cannelle en poudre. Servez tiède.

Les ingrédients pour 6 personnes

5 pommes (type golden)
1 belle mangue
le zeste de 1/4 de citron vert
100 ml de jus de pomme
8 feuilles de brick
1 cuil. à soupe de beurre fondu
1 cuil. à soupe de sucre glace
1/2 cuil. à café de cannelle en poudre
1 noisette de beurre pour le moule

Astuce_ Laissez-vous guider en image pour la confection de la pastilla (p. 115).

la botte secrète d'aude et leslie

Pour varier les plaisirs, remplacez la cannelle par de la vanille. Pour cela, il suffit d'ajouter dans la casserole au moment de la cuisson des pommes une gousse de vanille fendue en deux dans le sens de la longueur.

Cheesecake au chocolat

PRÉPARATION 30 MIN **I CUISSON** 1 H **I RÉFRIGÉRATION** 2 H **I COÛT** ★ **I DIFFICULTÉ** ★★

→ CETTE RECETTE EST DÉMONIAQUE. LÀ ENCORE, NI SUCRE AJOUTÉ, NI GRAISSE. TOUTE LA FORCE DU CHOCOLAT DANS UNE RECETTE QUI DÉCULPABILISERA LES PLUS GOURMANDS D'ENTRE NOUS ! ACCOMPAGNEZ-LA D'UNE CRÈME ANGLAISE LIGHT...

1 Préchauffez votre four à 160 °C (th. 5-6). Dans un bol, cassez le chocolat en carrés et mettez-le à fondre dans le four en train de chauffer.

2 Séparez les blancs des jaunes d'œufs. Gardez 1 jaune pour le gâteau et mettez les 3 autres à part pour la crème anglaise. Montez les blancs en neige.

3 Versez le cottage-cheese et le yaourt dans le mixeur. Mixez pour obtenir une consistance lisse. Ajoutez alors le sucre glace et le chocolat fondu. Mixez brièvement puis ajoutez le jaune d'œuf et mixez à nouveau quelques secondes. Incorporez cette préparation aux blancs en neige et mélangez délicatement à l'aide d'une spatule.

4 Beurrez votre moule avec du papier absorbant pour enlever le surplus. Versez la préparation dans le moule et faites cuire au four 1 h. Laissez refroidir hors du four, puis placez au réfrigérateur 2 h.

5 Pour la crème anglaise, mettez le lait à chauffer dans une casserole avec l'extrait de vanille. Dans un saladier, fouettez vos jaunes d'œufs puis versez le lait bouillant tout en fouettant. Remettez le mélange dans la casserole et laissez épaissir à feu doux tout en remuant avec une cuillère en bois. La crème est cuite quand elle nappe la cuillère. Reversez aussitôt dans un récipient froid pour stopper la cuisson.

6 Sucrez la crème avec un peu de sucre ou d'aspartam, et mettez au réfrigérateur pendant 30 min environ. Servez avec le cheesecake bien froid.

Les ingrédients pour 4 personnes

200 g de chocolat noir dessert

4 œufs

200 g de cottage-cheese

150 g de yaourt bulgare allégé

1 cuil. à soupe de sucre glace

1/4 l de lait écrémé

1 cuil. à café d'extrait de vanille

1 noisette de beurre pour le moule

Astuce_ Prenez un paquet de cookies au chocolat et écrasez-les. Recouvrez-en le fond de votre moule à gâteau et répartissez la préparation de cheesecake sur le dessus.

Soupe de banane aux kumquats

PRÉPARATION 10 MIN | **RÉFRIGÉRATION** 30 MIN | **COÛT** ★ | **DIFFICULTÉ** ★

→ PRÉPAREZ CETTE DÉLICIEUSE SOUPE PEU AVANT DE LA DÉGUSTER, CAR LES BANANES S'OXYDENT VITE ET NOIRCISSENT.

1 Coupez les kumquats en deux et ôtez les pépins ; mettez-les dans un mixeur et réduisez-les en purée. Réservez cette purée dans un bol à part.

2 Épluchez les bananes, coupez-les en grosses rondelles et versez-les dans le mixeur ; ajoutez le jus de citron et mixez. Versez alors le lait fermenté, le lait de coco et la purée de kumquats et mixez à nouveau.

3 Ajoutez du sucre ou de l'aspartam selon votre goût. Mettez au réfrigérateur 30 min environ et servez bien froid.

Les ingrédients pour 4 personnes

100 g de kumquats
4 bananes mûres
le jus de 1 citron vert
25 cl de lait fermenté
25 cl de lait de coco
sucre ou aspartam

Astuces_ • Pour une version plus rapide, remplacez le lait fermenté et le lait de coco par 4 yaourts liquides. • Vous pouvez également utiliser des bananes naines pour cette recette, leur goût est un vrai concentré de banane. Dans ce cas, prévoyez-en une dizaine pour faire cette soupe.

le truc de stéphan

Le lait fermenté est une délicieuse boisson que l'on trouve dans les épiceries orientales et souvent aussi dans les grandes surfaces. Sa saveur très particulière s'altère rapidement après ouverture de la bouteille. Consommez-le donc assez rapidement.

Papillotes de brugnons à la cannelle

PRÉPARATION 10 MIN I **CUISSON** 20 MIN I **COÛT** ★★ I **DIFFICULTÉ** ★

1 Préchauffez le four à 200 °C (th. 6-7). Lavez les brugnons et séchez-les. Coupez-les en deux puis séparez délicatement les deux moitiés. Supprimez le noyau puis coupez-les à nouveau en deux pour obtenir des quartiers.

2 Mélangez le sucre en poudre et la cannelle. Pressez le citron et réservez le jus. Découpez 4 carrés de papier d'aluminium. Déposez 4 quartiers de brugnons sur chaque feuille, côté peau sur l'aluminium. Disposez les framboises sur le dessus. Saupoudrez de sucre à la cannelle et arrosez de jus de citron. Fermez bien les papillotes et faites cuire au four 20 min.

3 Ouvrez les papillotes et servez chaud, par exemple avec une boule de sorbet citron ou framboise selon votre goût.

Les ingrédients pour 4 personnes

4 brugnons mûrs

1 cuil. à soupe bombée de sucre en poudre

1 cuil. à café de cannelle en poudre

1 citron

100 g de framboises

Pour varier_ Vous pouvez réaliser cette recette avec des pêches également. À tenter aussi avec un mélange poires et figues.

le truc de stéphan

Suivez exactement la recette de Laurence mais surtout, ouvrez les papillotes au dernier moment, directement sous le nez de vos heureux invités : le parfum du brugnon juste cuit et de la cannelle est à se damner !

Mousse de fromage blanc, gingembre et ananas

PRÉPARATION 20 MIN | **CUISSON** 1 MIN | **RÉFRIGÉRATION** 2 H | **COÛT** ★ | **DIFFICULTÉ** ★

→ LES MOUSSES SONT UNE VRAIE MERVEILLE POUR LE PALAIS ET RÉELLEMENT COMPATIBLES AVEC UNE PETITE SURVEILLANCE DE SA LIGNE.

1 Mettez les feuilles de gélatine à tremper 10 min dans un bol d'eau froide. Prélevez 2 cuil. à soupe de crème liquide, portez-la à ébullition dans une petite casserole et mettez-y à fondre la gélatine essorée. Versez le fromage blanc dans un saladier et ajoutez-y le contenu de la casserole.

2 Dans un autre saladier, fouettez la crème liquide allégée avec le sucre roux. Quand vous obtenez une consistance mousseuse, ajoutez le fromage blanc et fouettez à nouveau pour bien mélanger.

3 Pelez le gingembre, coupez-le en dés et versez-le dans le mixeur avec l'ananas. Mixez pour réduire en purée. Ajoutez cette purée dans le saladier et mélangez. Versez dans 4 verres et mettez les mousses à prendre au moins 2 h au réfrigérateur avant de déguster.

Les ingrédients pour 4 personnes

2 feuilles de gélatine
25 cl de crème liquide allégée
250 g de fromage blanc à 0 % ou 20 % de matière grasse
50 g de sucre roux
1 cm de racine gingembre frais
100 g d'ananas

Astuce_ Vous pouvez remplacer le sucre roux par du substitut de sucre.

le truc de stéphan

Ne préparez pas cette recette trop à l'avance (pas plus d'une nuit par exemple) car l'ananas contient naturellement des substances qui ont tendance à empêcher la gélatine d'agir et donc à solidifier la préparation.

Abricots rôtis, crème légère à l'orgeat

PRÉPARATION 15 MIN | **CUISSON** 1 H | **COÛT** ★★ | **DIFFICULTÉ** ★

→ SI CETTE RECETTE VOUS TENTE ALORS QUE VOUS ÊTES DANS LES DURS FRIMAS DE L'HIVER, SACHEZ QU'IL EXISTE DES OREILLONS D'ABRICOTS AU RAYON DES SURGELÉS.

Les ingrédients pour 4 personnes

- 1 petit pot de crème fraîche allégée à 4 % ou 15 % de matière grasse
- 1 cuil. à soupe de sirop d'orgeat
- 1 kg d'abricots mûrs
- 1 orange à jus
- 2 sachets de sucre vanillé

1 Dans un bol, fouettez la crème et le sirop d'orgeat. Réservez au réfrigérateur.

2 Préchauffez le four à 150 °C (th.5). Fendez les abricots en deux et ôtez le noyau. Mettez les demi-abricots dans un plat à gratin en les faisant se chevaucher légèrement.

3 Pressez l'orange, versez le jus sur les abricots et saupoudrez de sucre vanillé. Faites cuire au four 1 h.

4 Servez les abricots tièdes avec la crème fouettée à l'orgeat froide.

Astuce_ Si vous n'avez pas de sirop d'orgeat, remplacez-le par 1 cuil. à soupe de sucre en poudre mélangé à 1 cuil. à café d'extrait d'amande amère.

le truc de stéphan

Suivez la recette de Laurence et servez les abricots en les flambant avec 2 petits verres d'armagnac.

je veux en savoir plus !

avec le dos de la cuillère / peler un agrume à vif / quelques pincées de cannelle / marinade / **LE PRINCIPE DU TAJINE** / spatules / TYPE DE CUISSON / procédez de même / MAINTENIR LE TOUT BIEN FERMÉ / la position gril / condiments / longuement à feu doux / nécessite très peu de graisse / **PAPIER SULFURISÉ** / mixeur / lait de coco / wok / 1 CUIL. À SOUPE DE CRÈME ALLÉGÉE / mettre de la couleur / des recettes sucrées / ajoutez un peu d'eau / ENTRE 4 ET 30 % DE MATIÈRE GRASSE / placez-la dans un four froid / **1 ŒUF = 50 G** / préchauffage du four / **CURRY** / gingembre / herbes de provence / d'un trait de jus de citron / COUPEZ VOS FEUILLES DE BRICK EN DEUX / un bouquet de saveurs / **DANS LEUR PROPRE JUS** / mesurer vos liquides

Je veux la technique

Les différents types de cuisson minceur

Cuire à l'eau

Ce mode de cuisson est surtout adapté à la cuisson des légumes ou des poissons. Dans le cas des légumes, salez l'eau de cuisson ou ajoutez-y un **bouillon KUB** qui donnera de la saveur à vos légumes : la cuisson à l'eau ne rime pas avec cuisson triste.
Pour ce qui est des poissons, n'hésitez pas à ajouter à votre eau de cuisson des **courts-bouillons bien relevés**. Vous trouverez des préparations toutes faites dans les magasins. Vous pouvez néanmoins les corser en y rajoutant des épices (herbes de Provence, curry, poivre, ail...).

Cuire à la vapeur

Cette cuisson est très adaptée à une alimentation light et saine. Elle conserve aux aliments toute leur saveur, **leurs vitamines et leurs sels minéraux**.
Là encore, ce mode de cuisson est très adapté aux légumes et aux poissons. Cela convient également aux viandes blanches que vous aurez préalablement fait mariner pour en relever le goût.
L'idéal est d'avoir un cuit-vapeur ; sinon utilisez une passoire et un couvercle que vous poserez au dessus d'une casserole d'eau portée à ébullition.

Cuire au wok

Il s'agit d'une poêle profonde, utilisée dans la préparation de la cuisine chinoise. L'avantage de ce type de cuisson est qu'il nécessite très peu de **matière grasse** contrairement à une poêle classique.
Dans le cas d'une cuisson au wok, prenez soin de couper vos ingrédients en petits morceaux. Mettez à **cuire à feu vif**, en remuant constamment au cours de la cuisson qui doit être relativement brève.

Cuire au gril et au barbecue

Là encore, ce type de cuisson ne demande aucune graisse, mieux encore cela permet de faire fondre la graisse contenue dans les aliments. Vous pouvez utiliser la **position gril** de votre four, ou déposer une grille sur les **braises d'un barbecue** ou de votre cheminée.
Non seulement cette cuisson est rapide, mais elle donne ce **petit goût unique** aux aliments... qui vous évitera sans doute la tentation d'y ajouter une sauce plus ou moins calorique !
Quand vous pratiquez ce type de cuisson, n'hésitez pas à abuser des **marinades**. Non seulement, elles attendriront vos aliments avant la cuisson, particulièrement les viandes, mais surtout elles donneront un arôme tout particulier à vos grillades.

Cuire en papillote

Ce type de cuisson convient à tous les types d'aliments, aussi bien pour des recettes sucrées que salées. Elles restituent tout l'arôme des produits qui y sont enfermés. Enveloppés dans des feuilles de papier sulfurisé ou d'aluminium, les aliments cuisent dans leur propre jus. Aucune matière grasse n'est nécessaire. N'hésitez pas à ajouter des aromates, des légumes ou même des fruits coupés en petits morceaux. Un secret : les papillotes ne supportent pas l'attente. Servez-les dès leur sortie du four.

Cuire à la cocotte

La cuisson en cocotte peut aussi tout à fait convenir dans le cadre d'une cuisson light. Dans ce cas, mettez tous vos ingrédients dans la cocotte, ajoutez de l'eau et, au besoin, un bouillon KUB, et laissez **cuire longuement à feu doux**.
C'est le principe du **tajine**, du pot-au-feu et autre plat mijoté Au besoin, laissez refroidir votre plat et dégraissez le bouillon.

Cuire au micro-ondes

Pour les accros du micro-ondes et les éternelles pressées, vous pouvez utiliser ce four pour vos cuissons. Dans ce cas reportez-vous à la **notice**. Chaque four a ses propres **temps de cuisson**.

Cuire dans une « brick à poulet »

Cette cocotte en terre cuite avec deux parties bombées est vendue pour la cuisson du poulet. Vous pouvez la détourner pour des cuissons **à l'étouffée** de vos viandes, poissons ou légumes. La cuisson se fait **sans ajout de matière grasse**.
Dans ce cas, versez vos aliments dans la cocotte et placez-la dans un four froid. Poursuivez votre cuisson à four moyen.

Plier des briouattes en triangle

1 Coupez vos feuilles de brick en deux puis pliez chaque moitié en deux à nouveau en rabattant le bord arrondi sur le bord découpé.

2 Déposez une noix de la préparation à l'extrémité de la bande de pâte, aplatissez avec le dos d'une cuillère puis rabattez le coin en biais sur la farce de façon à former un triangle.

3 Rabattez alors le triangle sur lui-même et ce jusqu'au bout de la bande.

4 Rentrez l'extrémité de la feuille de brick pour maintenir le tout bien fermé.

Peler un agrume à vif

1 Coupez le haut et la base de l'agrume.

2 Replacez l'agrume sur sa base coupée puis, à l'aide d'un couteau bien aiguisé ou à scie, enlevez la peau et l'écorce par segments en procédant de haut en bas.

2 bis Dans le cas d'un petit agrume, après avoir ôté le haut et la base, ôtez la peau et l'écorce comme si vous épluchiez une pomme.

3 Faites glisser la lame d'un couteau bien aiguisé le long des quartiers entre la peau et la chair. Répétez l'opération de l'autre côté du quartier afin de le détacher.

4 Procédez de même pour tous les autres quartiers en rabattant au fur et à mesure les membranes, comme les pages d'un livre.

Une fois la peau enlevée de cette façon, votre agrume est pelé à vif.

Monter une pastilla

Pour 6 personnes

1 noisette de beurre pour le moule

8 feuilles de brick

1 cuil. à soupe de beurre fondu

1 cuil. à soupe de sucre glace

1 Beurrez un moule à gâteau rond.

2 Tapissez le fond du moule avec 4 feuilles de brick posées une à une.

3 Versez la garniture dans le moule et rabattez les feuilles de brick sur le dessus.

4 À l'aide d'un pinceau alimentaire, badigeonnez de beurre fondu les 4 feuilles restantes.

5 Recouvrez la pastilla en déposant une à une les 4 feuilles restantes puis rentrez-les dans le moule comme si vous le bordiez. Saupoudrez le dessus de sucre glace.

Astuce_ Vous pouvez faire des petites pastillas individuelles en coupant les feuilles de brick en 4 et en utilisant des petits moules à tarte ou des moules à crème brûlée.

Cuisiner léger sans cuisiner triste

Faire attention à sa ligne ne signifie pas se punir. Il existe de nombreuses petites astuces pour mettre de la couleur, du goût et de la gaieté dans vos assiettes.

• Usez et abusez sans modération de toutes **les herbes aromatiques et les épices** qui s'offrent à vous, et agrémentez ainsi vos plats salés, épicés, exotiques, sucrés... Vous verrez qu'on peut réinventer un plat avec juste quelques pincées de cannelle, de cumin, de coriandre...
• Parfois il suffit juste d'**un trait de jus de citron ou de vinaigre balsamique** pour donner un peu d'acidité à votre plat et réveiller vos papilles.
• **Les marinades** sont un vrai bonheur pour offrir à vos viandes, poissons ou même à vos légumes, un bouquet de saveurs avant la cuisson. Pensez à couper vos aliments en petits morceaux pour augmenter la surface de contact entre la marinade et le produit, et donc mieux la faire pénétrer.
• Si les recettes un peu crémeuses vous font rêver, sachez qu'il existe maintenant un grand choix de **spécialités qui se substituent aux crèmes fraîches** épaisses ou liquides. Leur avantage est certain puisqu'elles varient entre 4 et 30 % de matière grasse. Alors pourquoi se priver !
• Si le sucre est votre péché mignon, vous pouvez également utiliser les **sucres de substitution**. Attention seulement aux dosages... ou plutôt aux surdosages.

Quelques idées de sauces et d'assaisonnements

Voici quelques petites astuces pour ne pas se priver de sauce.

• Ajoutez **un peu d'eau** à votre vinaigrette pour la diluer. Vous aurez une salade bien assaisonnée, mais vous diminuerez la quantité d'huile consommée. On n'y voit que du feu !
• Pensez à utiliser du **tsatziki** (à base de concombre) ou du **kipiti** (à base de poivron) pour assaisonner vos crudités et vos salades, ou pour accompagner certaines viandes froides. Ces spécialités sont à base de fromage blanc à 0 % de matière grasse et elles ont un goût très relevé.

À garder sous le coude

s'en sortir sans balance

→ Ce tableau vous donne les principales équivalences poids et volumes pour les ingrédients les plus courants.

Ingrédients	1 cuil. à café	1 cuil. à soupe	1 verre à moutarde
Beurre	7 g	20 g	–
Cacao en poudre	5 g	10 g	90 g
Crème épaisse	1,5 cl	4 cl	20 cl
Crème liquide	0,7 cl	2 cl	20 cl
Farine	3 g	10 g	100 g
Gruyère râpé	4 g	12 g	65 g
Liquides divers (eau, huile, vinaigre, alcools)	0,7 cl	2 cl	20 cl
Maïzena	3 g	10 g	100 g
Poudre d'amandes	6 g	15 g	75 g
Raisins secs	8 g	30 g	110 g
Riz	7 g	20 g	150 g
Sel	5 g	15 g	–
Semoule, couscous	5 g	15 g	150 g
Sucre en poudre	5 g	15 g	150 g
Sucre glace	3 g	10 g	110 g

Mesurer vos liquides

1 verre à liqueur = 3 cl

1 tasse à café = 8 à 10 cl

1 verre à moutarde = 20 cl

1 bol = 35 cl

Pour info

1 œuf = 50 g

noisette de beurre = 5 g

1 noix de beurre = 15 à 20 g

bien régler son four

→ Pas facile de connaître la température dans un four ! Voici une table très simple à utiliser et valable pour la plupart des appareils vendus dans le commerce.

Température	30	60	90	120	150	180	210	240	270
Thermostat	1	2	3	4	5	6	7	8	9

→ Les temps de cuisson donnés dans les recettes peuvent varier légèrement selon les types d'appareils. En effet, dans un four à chaleur tournante, les plats cuisent de manière plus homogène et plus vite que dans les fours qui chauffent à partir d'une source (four à gaz, four électrique).

Rappelez-vous aussi que pour réaliser une bonne cuisson, un préchauffage est toujours nécessaire.

les indispensables en cuisine

→ Pour cuisiner entre potes ou pour des potes sans souci, il faut avoir sous la main quelques produits tout simples, faciles à trouver.
Voici une petite liste de « basiques », grâce auxquels vous pourrez faire la grande majorité des recettes de cette collection.

Dans le placard

Épices

- Cannelle
- Coriandre
- Cumin
- Curry
- Gingembre
- Herbes de Provence
- Mélange aux 4 épices
- Noix de muscade
- Paprika
- Poivre du moulin et concassé
- Thym
- Vanille en gousse

Liquides

- Huiles de tournesol, d'olive, de sésame et de noix
- Rhum (pour la pâtisserie)
- Vinaigres de vin, blanc, balsamique et de Xérès
- Vin rouge et blanc sec

Condiments
- Moutarde forte et à l'ancienne
- Moutardes parfumées (à l'estragon, au poivre vert)
- Sauce pesto
- Sauce soja
- Sel fin et gros sel
- Tabasco
- Tapenade d'olives noires

Et aussi
- Amandes effilées
- Anchois, thon et sardines à l'huile d'olive
- Bouillon cube
- Câpres
- Chocolat à cuire et chocolat en poudre
- Cornichons
- Farine
- Fruits secs (amandes, raisins, pignons, noisettes, abricots, figues)
- Lait de coco
- Levure chimique
- Maïzena
- Miel
- Olives en boîte
- Pâtes de toutes formes
- Poudre de noisettes et poudre d'amandes
- Riz rond et riz parfumé
- Semoule
- Sucre en poudre, sucre glace et sucre vanillé
- Tomates en boîte, concentrées et séchées en bocal

Dans le réfrigérateur

Légumes
- Ail
- Carottes
- Citrons
- Échalotes
- Oignons
- Pommes de terre
- Tomates

Laitages et œufs
- Beurre
- Crème liquide
- Fromage frais
- Lait
- Œufs
- Parmesan

Et aussi
- Feuilles de brick
- Pâtes à tarte (brisée, sablée, feuilletée)

Dans le congélateur

Herbes et épices hachées
- Aneth
- Basilic
- Ciboulette
- Coriandre
- Gingembre haché
- Persil

Légumes
- Champignons de Paris
- Épinards
- Petits pois
- Tiges de citronnelles

Et aussi
- Pâtes à tarte (brisée, sablée, feuilletée)

avoir le bon matériel

→ Pas besoin de grand-chose pour faire de grandes recettes !
Voici une petite liste d'ustensiles à avoir dans la cuisine.

Cuire

- Casseroles (une grande et une petite)
- Moules à tartes et à pâtisserie
- Marmite en fonte
- Plaque à rôtir
- Poêles à fond antiadhésif (une grande et une petite)
- Wok (éventuellement)

Couper

- Aiguiseur à couteaux
- Couteau économe
- Gros couteau dit « éminceur »
- Petit couteau
- Petite planche à découper en plastique

Mélanger

- Saladiers
- Cuillères en bois
- Fouet
- Spatules

Divers

- Batteur électrique
- Essoreuse à salade
- Ficelle de cuisine
- Mixeur
- Passoires, ou chinois (une fine, une plus grosse)
- Rouleau à pâtisserie
- Verre mesureur

Table des recettes

Retrouvez en couleur les « recettes pour épater ».

Table des matières

Ma recette qui dépote...

PUBLI-COMMUNIQUÉ

La cuisson saveur avec le gaz naturel

Profiter de la douceur d'instants partagés, de sourires et de fous rires autour d'un plat mitonné ensemble... C'est aussi goûter au confort de vie DolceVita qui, grâce au gaz naturel, nous offre une cuisine toute en saveurs.

Cuisiner avec le gaz naturel est une évidence. Précise et sûre, l'intensité de la flamme peut varier à loisir. Souple et modulable, elle saisit en toute puissance ou fait doucement mijoter, instantanément, d'un seul geste, comme par magie ! La cuisson au gaz naturel s'adapte à toutes les envies, pour des recettes toujours gagnantes. C'est un atout de plus pour réussir du plus simple au plus élaboré des repas !

UNE CUISSON SAVOUREUSE ET MOELLEUSE

En brûlant, le gaz naturel produit de l'humidité. Inutile donc de rajouter de l'eau en cours de cuisson aux plats qui cuisent au four. De plus, la cuisson dans un four alimenté au gaz naturel préserve les sels minéraux contenus dans les aliments. Viandes, poissons, volailles, tartes et gratins dorent lentement, tendrement et délicieusement...

UNE CUISSON SUR MESURE

La cuisson au gaz naturel, c'est aussi, aujourd'hui, avoir accès à de nombreuses innovations technologiques. Les brûleurs se sophistiquent en se dotant de fonctions sur mesure :

- le brûleur « wok » à double anneau de flammes permet de mitonner à l'orientale ou à l'asiatique, mais également de concocter d'inimitables confitures ;
- le brûleur « mijotop » transmet la chaleur, sans contact avec la flamme. Il est approprié aux cuissons délicates ;
- le brûleur « poissonnière » permet de cuire uniformément les poissons et viandes de grande taille.

Ces brûleurs nouvelle génération sont également pensés pour nous faciliter la vie. Plus efficaces en termes de puissance, ils sont aussi plus faciles à entretenir Fini les grilles difficiles à nettoyer, les nouveaux brûleurs 3 branches se mettent directement au lave-vaisselle !

LA PRÉCISION EN PLUS

Pour un confort d'utilisation maximal, les cuisinières au gaz naturel sont pourvues de systèmes de réglage de haute précision.

L'allumage est instantané grâce au système électronique ; une seule main suffit pour allumer sous les casseroles ! Par ailleurs, sur les appareils les plus récents, un minuteur associé à chaque brûleur coupe automatiquement l'arrivée de gaz naturel quand le temps programmé est écoulé.

LE GAZ NATUREL, UNE ÉNERGIE ÉCONOMIQUE

Faire la cuisine au gaz naturel, c'est aussi choisir l'une des énergies les moins chères du marché qui, assortie à des équipements performants et à des tarifs ajustés à votre consommation annuelle, vous permet de cuisiner en toute liberté.

POUR EN SAVOIR PLUS SUR LES OFFRES DOLCEVITA
Vous pouvez joindre un Conseiller Gaz de France au :
0 810 140 150 (prix d'un appel local)
ou vous connecter sur l'espace DolceVita du site
www.gazdefrance.fr

Le conseil DolceVita de Gaz de France

- ***Pour une bonne cuisson*** *et un meilleur entretien de vos ustensiles, utilisez toujours des casseroles aux diamètres adaptés à la taille des brûleurs de votre cuisinière. Réglez l'intensité de la flamme de sorte qu'elle ne dépasse pas les bords des récipients.*

Gaz de France
DolceVita

Remerciements

À toutes mes copines qui surveillent leur ligne et qui sont toutes aussi gourmandes que moi.
Merci à Aude, Leslie et Stéphan pour leur implication dans ce projet.

Laurence

Merci à Hélène Fullanas pour son aide précieuse et appréciée de tous.

John

Toutes les photos de reportage de Philippe Vaurès-Santamaria ont été réalisées à L'atelier des Chefs.

Direction, Stephen Bateman et Pierre-Jean Furet
Responsable éditoriale, Brigitte Éveno
Conception graphique, Dune Lunel
Réalisation, Les PAOistes
Coordination et suivi éditorial, Raphaële Huard
Corrections, Anne Vallet
Fabrication, Claire Leleu

L'éditeur remercie Mélanie Le Neillon pour son aide précieuse et ses relectures attentives.

Imprimé en Espagne par Graficas Estella
dépôt légal : mai 2006
23.01.5808.02.3 • 201235808X